書くだけで奇跡が起こる

魔法の手紙

はづき虹映

あさ出版

あなたのところに

1通の手紙が

届きました。

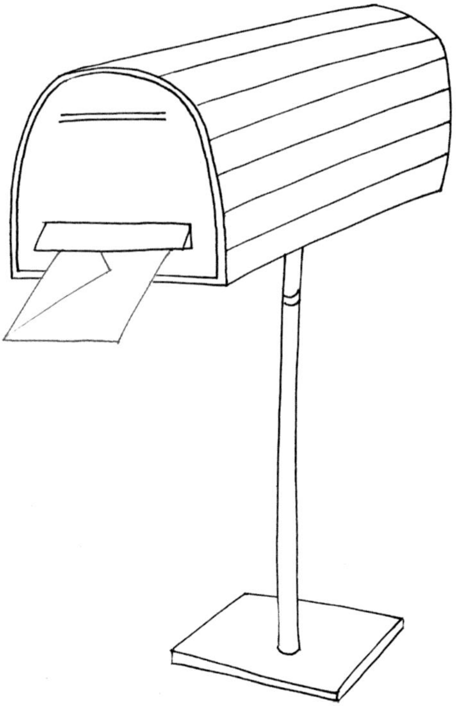

これは、

あなたに宛てた手紙です。

そっと、開けてみてください…。

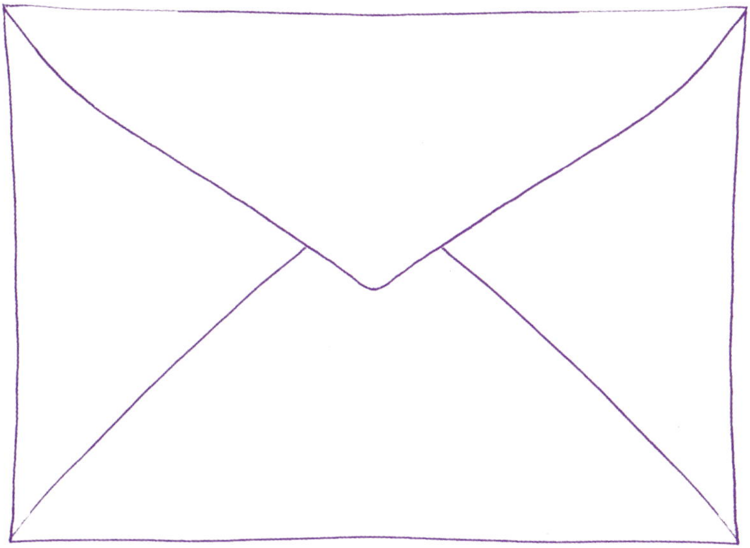

!!!

書くことが好きなあなたへ

こんにちわ！お元氣様です。はづき虹映です。

「書くだけで奇跡が起こるなんて…」と
きっとあなたも思われたことでしょう。

でも同時に、「ひょっとしたら…」とも思ったハズ。
そうでなければ、この文章をあなたがこうして
読んでいるハズはありませんから…（笑）

そんなあなたはきっと「書く」ことが好きなハズ…。
少なくとも「書く」ことが嫌いな人が、こんな本を
手にとることはないでしょうし、「書く」ことの
不思議なパワーを感じているからこそ、この本を
こうして読んで下さっているのではありませんか？

実は、この「書く」ことが好き…という思いこそ、
奇跡を起こすために欠くことのできない最初の条件。
「書くことが好き！」と言えるあなたは、それだけで、すでに
奇跡を起こすための条件を、ひとつクリアしているのです。

あなたには、かなえたい夢はありますか？
「どうしても、これだけはかなえたい…」という強い思いこそ、奇跡を起こすための二つ目の条件です。

「書くことが好き」「かなえたい夢がある」、この二つの条件をクリアしたあなたがちゃんと書けば、奇跡は起こります。
そう、実際に「書くこと」「書き続けること」こそ、奇跡を起こすための三つ目の、そして最後の条件なのです。

「書くことが好き」「かなえたい夢がある」「書き続けられる」
この三つの条件をクリアしたあなたなら、必ず、
奇跡は起こりますし、起こせます！
イエ、もうこの本をこうして読んでいるだけで、すでに奇跡は始まっているのです。ホラ…そこに奇跡の足音が…

さあ、あなたも、はづきと一緒に「書く」だけで
思う存分、奇跡を起こしてしまいましょう～♪

はづき虹映　拝

Contents

Chapter 2
「書く」だけで奇跡が加速する5つの約束

Chapter 3
「魔法の手紙」を書くための「魔法のスキル」

Chapter 4 「今の自分」に宛てて書く「魔法の手紙」

Chapter 5 「大事な人」に宛てて書く「魔法の手紙」

Chapter 6

「宇宙」に宛てて書く「魔法の手紙」

Chapter 1

「書く」だけで奇跡が起こせるって本当ですか?

Chapter 1 を読むと起こる奇跡って？

「書く」だけで、奇跡が起きる…
にわかには信じがたいことでしょう。
でも、本当のことなのです。
「書く」ことは、神様との約束だから…。

「書く」とはいったいどういうことなのか、
「書く」ことは、あなたの人生において、
どこに位置づけられる行為なのか…。

この章では、あなたが気づいていない
「書く」という行為の秘密に迫りながら、
「書く」ことで奇跡が起きるまでの
プロセスをご紹介します。

Letter of magic

1

「人生を創造する三種の神器」は「想い・言葉・行動」

「書くだけで奇跡が起こる…」
そんな不思議なことがあるのでしょうか？

先に答えを言ってしまえば、「あります」。
しかもそれは、不思議でも何でもないことなのです。
その秘密を明らかにするために、まずは奇跡が起こるメカニズムをかんたんにご説明してみましょう。

私たちのまわりでは日々、さまざまな現象が起きています。
「うれしいこと」もあれば、「悲しいこと」もあるでしょう。
このことをわかりやすく「樹木」でたとえてみると、私たちの人生に起こるこうした「現象」は、「花」や「果実」に当たると言えます。
樹木に花や実が成るためには、それを支えるための枝や葉、その枝葉を支えるための太い幹、さらには目に見えない部分に張りめぐらされた根っこの存在が欠かせません。

つまり、樹木に「花や実」という「結果」が成るということは、その「原因」に当たる「枝葉」や「幹」「根っこ」などが先に存在しているということです。

これとまったく同じことが、私たちの人生にも当てはまります。人生で起こる、さまざまな現象はまさしく「花や実」のようなもの…。それは「結果」であって、「原因」は別のところに、すでに存在しているのです。
もし仮に、目の前の「現象」が気に入らなければ、その「現象」を支えている「枝葉」や「幹」、「根っこ」の部分に働きかけ、そこから変えていくしかありません。

この樹木の「枝葉」に当たるものが、「行動・習慣」であり、「幹」に当たるものが「言葉」。そして、「根っこ」の部分に当たるのが「意識」だと考えていただければ、イメージしやすいでしょう。

つまり、私たちが今、目にしている「現象」(＝花・実)は、「意識・想い」(＝根っこ)から吸い上げられた養分が、「言葉」(＝幹)を通って運ばれ、さらに「行動・習慣」(＝枝葉)に支えられ、はじめてできた「結果・現象」(＝花・実)にほかならないということです。
これこそ、私たちの人生に起こる「現象」を決定づける基本のしくみであり、とても重要なメカニズムです。

言い換えれば、「意識・言葉・行動」の３つによって、私たちが人生で味わう現象が決められている…。すなわち、この「意識・言葉・行動」の３つを使いこなすことができれば、どんな「奇跡」を起こすことも想いのまま…、ということ。

「意識・言葉・行動」の３つこそ、私たちの人生を創造するための強力な「魔法の道具《ツール》」であり、まさしく「三種の神器」だと言えるでしょう。

「人生を創造する三種の神器」とは、意識・言葉・行動

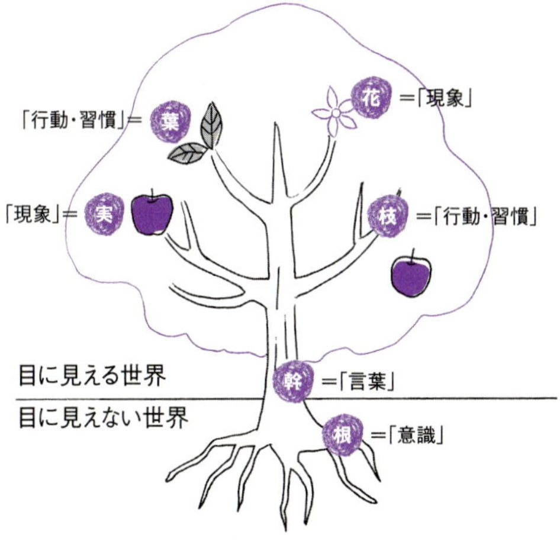

Letter of magic

2

「書く」ことは「言葉」と「現象」をつなぐ懸け橋

では「書く」という行為は、「人生を創造する三種の神器」の、どの位置に当てはまる「魔法の道具《ツール》」なのでしょうか？

答えはズバリ！「言葉」という「幹」と「行動」という名の「葉」をつなぐ、いわば「太い枝」のようなものだと、私は考えています。

「意識」という根っこから吸い上げられたエネルギーが、「言葉」という幹によって目に見える形となります。その「言葉」の幹から上下左右に大きく広がっていくのをサポートするのが「太い枝」の役割であり、それが「文字を使って書く」という「行動」に当たると言えるでしょう。

枝がなければ、結果を表す実が成ることもない…つまり、「文字を使って書く」という行為は、現象を創造するために欠かせないパーツのひとつであり、「言葉」と「現象」とをつなぐ懸け橋なのです。

実際に「書くこと」と「現実化」には、極めて密接な関係があります。

たとえば、クレジットカードを使えば、「名前を書く」ことで、食事や買い物ができるワケですが、これはある意味、「書くことによって、現実が創造されている」という、ひとつの具体例と言ってもいいでしょう。
また大事な契約書にハンコを押すのも同じこと…。これは「押印する」（＝自分の名前を書く）ことにより、自らの存在を証明し、現象化を促す行為にほかなりません。

ハンコひとつで何千万円という住宅が手に入ったり、サインひとつで何十億というビッグプロジェクトの契約が成立するのですから、「書く」という行為が、どれほど巨大なパワーを秘めているのかは、実は、私たちが日々目《ま》の当たりにしている「事実」のハズなのです。

しかし、「書く」という、せっかくのそのすばらしい「魔法の道具《ツール》」も、意識して使いこなさなくては、単なる「宝の持ち腐れ」になってしまいます。
そのためにもまずは、「書く」ことのパワーや重要性に気づき、意識的に「書く」ことが不可欠です。
意識的に「書く」ことによって、間違いなく現象化のエネルギーは加速します。
意識的に書けば、根っこや幹から流れてくるエネルギーの流れがスムーズになり、枝も立派に成長していきます。夢の実現を望むのなら、それらをしっかりと支えてくれる「太い枝」(=書くこと)は必要不可欠な存在(行為)なのです。

夢の実現化を早めるために、意識的に書く…そのポイントは、常に「誰かに宛《あ》てた手紙のようなつもりで書く」こと。これが、あなたの夢をかなえるための最短コースであると、私は確信しています。

Letter of magic

3

「かく」ことで「設計図に基づいて夢を形にする」

「(文章を) 書く」のも、「(絵を) 描く」のも、同じ「かく」ですよね。
どちらも夢の設計図を「かく」という意味では同じです。
「(絵を) 描く」のは、自分の「夢」を図解やイラストで表すようなもの…。
それに対して「(文章を) 書く」のは、「夢」のつくり方を「説明書」や「マニュアル」として、まとめるようなものと言えるでしょう。

どちらの表現方法を採用したとしても、アタマの中にある「夢の設計図」を何らかの形で実際に「かいて」(＝書く、描く) 表現しないと、その「夢」はいつまでたっても、現実化することはありえません。パーツだけそろっていても、それを組み立てるための設計図がないと、「夢」が形になることはないでしょう。
言い換えれば、「夢」は実際に書いたり、描いたりすることによって、はじめて「命のパワー」が吹き込まれ、現実化に向けて加速していくのです。

そもそも「夢」の実現率はどれくらいかご存じでしょうか？

一説によると、「夢」が現実化する確率は、10％以下だと言われています。
ただアタマの中で想像するだけの「夢」では、その実現率は、「幻想・妄想」の類いとほぼ同じ…。せいぜい数％というところでしょう。

では「夢はかなわないものとして、あきらめたほうがいいの？」と聞かれたら、答えは「Ｎｏ」！
ただし、夢を夢のまま持ち続けているだけでは、実現率がアップすることはありません。ここでポイントとなるのが、「話す」という行為です。

「幻想・妄想」レベルの「夢」の段階では、まだ現実的な形は何もありません。
先ほどの樹木の場合にたとえると、この段階はまだ「意識」のレベル。つまり、土の中に隠れた「根っこ」の部分に相当します。
まだ「根っこ」だけですから、当然、そこに「花や実」が成るワケはないのです。

「根っこ」から続く「幹」の部分が「言葉」であり、「話す」という行為に当たります。それによってはじめて、「意識」の中だけで存在していた「妄想」や「夢」が、現実という目に見える世界に現れることになるワケです。
つまり、「夢」を誰かに「話す」ことによって、その「夢」は漠然とした「妄想」の段階を超えて、リアリティのある「目標」へと変化していくことになるのです。

「夢」が「目標」へと変われば、その実現率は約50％程度にまで、グッと高まると言われています。
不思議ですよね？　ただ、「夢」を「言葉」にして、「話す」だけなのに、数％程度だった実現化率が、50％まで急上昇することになるのです。
ですから、「夢」があるなら、ただジッと自分ひとりで抱え込んでおくのではなく、親しい人に話したり、まわりに言いふらさないとソンだと言えるでしょう。

しかし、言っているだけ…では、実現率は半々。まだまだ確実とは言えません。その実現率をさらに高めるための方法が、スバリ！「書く」という行為なのです。

Letter of magic

4

書けば「夢の現実化」が加速する

漠然と抱いていた「夢」も、言葉にしてみると、「目標」になり、実現率が50％程度にアップする、と説明しました。

しかし、実際には「言い続ける」のはなかなか難しいもの…。
さらに時間とともに気分も変わり、「夢」も変化します。

私たちは日々、ものすごい量の考えごとをしていて、そのほとんどがネガティブなものだと言われています。
せっかくの「夢」も、放っておくと、そうしたネガティブな考え方や発言によって、無意識のレベルで打ち消されてしまうことは避けられません。
そこで有効になるのが、「書く」という行為なのです。

あなたは「夢に日付をつけると、それが目標となり、現実化が加速する」というようなフレーズを耳にしたことがありませんか？
これを私流に言い換えると、「夢を言葉にして誰かに話すことで目標となり、その目標に日付をつけて、紙に書くと予定になる」となります。

「予定になった夢」の実現率は、ほぼ90％。
予定は、そうなることが前提になっていますから、当然のように現実のものとなるのです。あなたもご自分の手帳に書き込んだ「予定」は、ほぼ90％程度の確率で実現しているのではありませんか？

ここに「書く」ことの最大の効用、メリットがあります。
私たちは「話したこと」よりも、「書いたこと」のほうを、より確かなものとして信用するという「思考のクセ」があるのです。

当然です。書けば、書いたものが残るからです。
それをスピリチュアル的な視点で解釈すれば、「話した言葉を『書く』ことによって、エネルギーを持った言葉は、そのままの状態でそこにプリントされ、エネルギーがずっと残るから…」と言えるでしょう。

そう、「夢」を言葉にして発し、それに日付を入れて、紙に書きとめることによって、（エネルギーレベルでは）もうすでに、その「夢」がそこに「在る」という状態が出来上がってしまうのです。

夢が実現してしまった状態がすでにそこにあり、常に確認することができるのですから、その夢は、日付が来れば、「予定」どおり、ただ淡々と実現することになるだけ。

これが、「書くことで、夢が現実化するスピードが加速する、奇跡が起きる」というカラクリの正体です。

「夢」も書けば「予定」になる

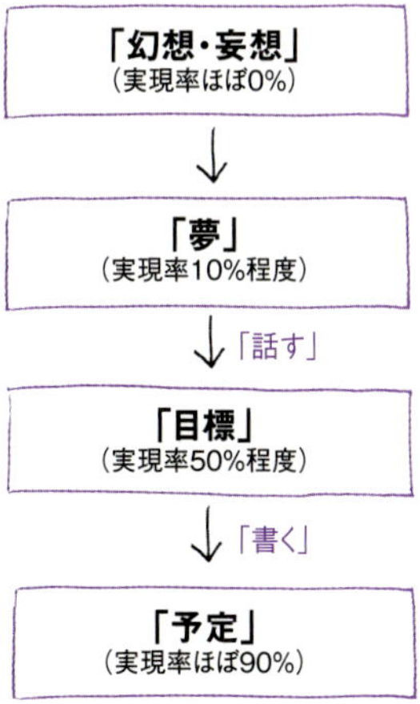

Letter of magic

5

「自分で書いたこと」が「自分が受け取るもの」になる

「じゃあ、書くだけでどんな夢でもかなうの?」と、あなたは想うかもしれません。確かに1度書いただけで、どんな夢でもかなうのなら、誰も苦労はしませんよね。
ここでもう1度、樹木のたとえに戻りましょう。

「意識」(=根)、「話す(言葉)」(=幹)、「書く」(=太い枝)、「行動」(=枝葉)、「現象」(=花・実)であり、それぞれが樹にとって、どれも大切な要素という関係でしたね。

「夢を形にしていくこと」は、「意識レベルで考えていたことを現実化していくこと」とイコール。そのためには、「話す」「書く」「行動する」という行為を、時間をかけてバランスよく成長させていく必要があるのです。
ですから、その中の「書く」部分だけ取り上げて、そこだけにエネルギーを注いでみても、望むような「花や実」を手にすることは確かに難しいでしょう。

しかし今は、昔と比べると、「書く」ことに対する比重が高まってきていることは間違いありません。
PCメールや携帯メールはもちろん、ブログやツイッターの更新、ＳＮＳなどのサイト上での書き込みなど、あなたもきっと１日に何度も「書く」という行為を体験していることでしょう。

そういう意味で、今ほど、「書く」ことの重要性が高まっている時代はかつてなかったと言えます。
それだけに「書く」エネルギーの扱い方のうまい人とそうでない人との間には、「夢の実現」に関して、とてつもなく大きな差が生まれる時代でもあるのです。

だからこそ、どんな媒体・ツールを使っていたとしても、これだけは覚えておいてほしい、「書くときの黄金律」（＝ライティング・ルール）があります。
それが、“「自分が書いたこと」が、あとで「自分が受け取るものになる」”です。
これさえ覚えておけば、あとは全部忘れてしまってもいいくらいです（笑）。

その前提として、「自分の投げたものが、自分の受け取るもの」という宇宙の法則があります。

「書くときの黄金律」は、これをアレンジしただけに過ぎません。しかし、「書いたものは残る」という特性を考えたとき、この言葉は、さらに大きな意味と重みを持つことになるでしょう。

あとで詳しく解説しますが、インターネット上での書き込みなど、この特性を考えると、とんでもない事態を巻き起こす可能性があるので、よくよく注意が必要です。

もちろん、すべての現象は、「想い・言葉・行動」の３つのエネルギーが合わさって生まれるもので、その中で「書く」ことだけを特別扱いする必要はありません。
しかし、現代では多くの人が「書く」ことに過剰なエネルギーを注いでいるので、そこを軽視することはできない状況になっていると、私は想うのです。だからこそ…。

“「自分で書いたこと」が、あとで「自分が受け取るものになる」”。これが、「書くときの黄金律」。
ぜひ、忘れないようにしてください。

Letter of magic

6

「かく」=「火久」。強いエネルギーを固定化させる行為

「書く」ことで、あなたの夢の現実化が加速されることは間違いありません。しかし、残念ながら、「とりあえず書いておけば、何でもいい」「たくさん書いておけば、どうにかなる」というものではないのです。

“「自ら書いたこと」が、あとで「自分が受け取るものになる」”のが、「書くときの黄金律」ですから、あなたの「書き方」や「書く内容」、書いたときの「あなたの想い」によって、あなたがあとで受け取る「花や実」の「色や形、匂《にお》い、味、大きさ」などが左右されることは避けられません。

そういう意味で、具体的・現実的なスキルとしての「書き方」と、目に見えない部分での想いや意識の扱い方としての「書く方向性(ベクトル)」の2つを整えていくことが、書くときにはとても大事な視点になります。

そもそも「かく」は、漢字の「火久」に通じると、私は想っています。これは「火のような強いエネルギーを久しく固めること」という意味です。「強いエネルギーを固める」とは、「現象化する」ということ。

つまり、「書く」ことによって、意識エネルギーが固定化され、それによって現象化が加速し、書いたことが現実化しやすくなるというしくみを、「火久《かく》」という文字は表しているのではないかと想っています。

「書く」ことによって、意識エネルギーが現象化する際、大事なことは、「エネルギーの質と向き」です。

最初の意識エネルギーの段階で不純物が混ざっていると、固まって現象化した場合、その不純物がよりクローズアップされてしまうことは避けられません。
さらに、「想い」「言葉」「行動」（＝書く）のそれぞれ方向性（ベクトル）が、キチンと整っていなければ、やはりエネルギーが分散してしまって、現象化したとしても、何だかトンチンカンなことになってしまう可能性もあります。

ただ単に「書く」のではなく、「意識的に書く」ことが大切です。
「意識的に書く」際のポイントはふたつ。
ひとつは、「意識エネルギーの純度を高めること」。

具体的に言えば、「ウソは書かない」「まっすぐな想い・本心を書く」「愛から出た想いを書く」ということです。

もうひとつは、「エネルギーの方向性（ベクトル）をキチンと見極め、統一すること」。
これは、「想っていること」「話していること」「書いていること」「実際にやっていること」に矛盾がないよう、きちんと統一していくということです。

この２点が、「意識的に書く」際のポイントではないかと私は想います。

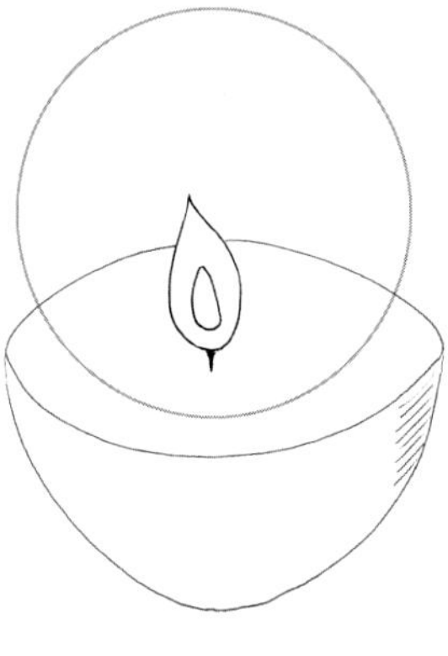

Letter of magic

7

「手紙を書く」＝「神との約束」

「手紙を書く」という行為は、「紙」つまり「神」に対して、自らの「手」を使って、「書く」（＝火久）こと。「強いエネルギーをそこに固定化させる行為」にほかなりません。
言い換えれば、「神様に対し、自らの手で自分の夢を絵に描いて、示すこと」「神様に対し、自らのビジョンをプレゼンし、約束・宣言すること」と言えるでしょう。

そう、スピリチュアルな観点から見れば、「手紙を書く」という行為は、「神様と約束を交わすこと」にほかならないのです。

その名残《なごり》が、神社に奉納される「絵馬」。
これも後ほど、詳しく解説しますが、「絵馬」は「神様に対する手紙」であり、「神様と約束を交わした誓約書」のようなものなのです。
それは決して、自分の願望を神様に丸投げするような「リクエストカード」「指示書」の類ではありません。

相手が誰であっても、「手紙を書く」という行為は、自分と相手との間だけで完結する行為ではありません。

自分の想いを手紙に書いて相手に届けることは、自分と相手だけでなく、神様と約束することにもつながります。
神様との約束ですから、神様が「よし、わかった」と受け容《い》れてくれれば、ほぼ間違いなく、その約束は果たされることになるでしょう。
何と言っても相手は神様ですから、不可能はありません(笑)。

それだけに、「意識的に書く」ことが大切なのです。
あなたが深く考えず、何となく書いた手紙であっても、真剣に自分の想いの純度を高めて、愛から出たまっすぐなエネルギーを託した手紙であっても、神様にとってはどちらも同じ、ひとつの約束に変わりありません。

約束は約束…。神様がその約束を聞き届け、さらに、あなたがその約束を果たそうという想いを持ち続ければ、必ずそれは現実化することになるでしょう。

「紙に書く」ことで、あなたが放ったエネルギーは確実にそこに残ります。

仮にあなたが書いたことを忘れてしまったとしても、書いたものが残っており、神様のほうがその約束を覚えていれば、あなたの意思とは関係なく書いたことが実現してしまっても何の不思議もありません。

それぐらい「書く」という行為は、現実を生み出すパワフルな行為なのです。
ですから、本当にいいかげんな気持ちで、適当に「書く」ものではありません。

ネガティブなことを書けば、そのネガティブなエネルギーが現象化して、やがてあなたの元に返ってきます。
そこに「よい・悪い」はありません。
ただシンプルに、自ら書いたものをあとで、自分が受け取ることになるだけです。
神様と約束して、誓約書を交わしてしまったのですから、ある意味、仕方ありません。

「紙に書く」「手紙を書く」という行為は、「神様と約束を交わすこと」。くれぐれも忘れないようにしたいものです。

Chapter 2

「書く」だけで
奇跡が加速する
5つの約束

Chapter 2 を
読むと起こる
奇跡って？

「書く」ことで、あなたにも奇跡が
起こせる理由はよくわかったでしょう。
“「自分が書いたもの」が、あとで
「自分が受け取るものになる」”
黄金律があるから、です。

その上で、「書く」ときには、
守ってほしい5つの約束があります。
その約束は、とてもシンプル。
誰にでもできる、本当にかんたんなことです。
これだけ守って、書いていれば、
どんどん奇跡が起こせるのです。

5つの約束を、あなたの心に留めてください。

Promise

1

ネガティブなことは
書かない

約束の1つ目は、「ネガティブなことは書かない」。
"「自ら書いたこと」が、あとで「自分が受け取るものになる」"のですから、ネガティブなことを書けば、ポジティブな現象が起こらないのは当たり前のことですね。
しかし、多くの人はこれを日常的にやっています。
その代表が、インターネット上での「2ちゃんねる」やSNSなどのコミュニティサイト、ブログなどの「書き込み」。
特にハンドルネームを使う場合、普段は書かないような誹《ひ》謗《ぼう》、中傷、悪口などを平気で書いてしまう傾向があります。

「読む人が増えれば増えるほど、エネルギーは増幅されて戻ってくる」というのも、「書くときの黄金律」。
ネット上にネガティブな書き込みをして放置しておけば、そのエネルギーは出したときの何倍にも増幅されて、永続的に返ってくる可能性が大なのです。
ですから、ある意味、ネガティブなエネルギーを寄せ集めたいと想うのなら、こんなに効率のいい方法はない…とも言えるでしょう。
少なくとも本気で、人生に奇跡を起こしたいと想っているのなら、そのようなバカげた行為からは卒業しましょう。

Promise

2

「ネガティブなことを書いてしまった」と気づいたら、すぐに破棄する

ネガティブなことは書いちゃダメ…。アタマではわかっているのに、どうしても書きたい衝動にかられてしまうこともあるでしょう。「いいじゃないですか、人間らしくて」(笑)。
ただし、感情に任せてネガティブなことを書いてしまったら、気づいた段階ですぐに訂正し、素直に謝りましょう。
インターネット上であれば、気づいた時点で素早く削除・訂正すること。１度、エネルギーを放ってしまった事実はなくなりませんし、それを引き受ける覚悟は必要です。
しかし、それをそのまま放置していてはネガティブなエネルギーがまき散らされ、「被害」が拡大するだけです。

紙に書いたものなら、すぐに破棄。この方法を積極的に使えば、ネガティブなエネルギーを自分で昇華させることも可能になります。自分の心の中に溜《た》めているネガティブな想い、できれば相手に対する悪口や文句だけでなく、「悲しい」「ショック」など、自分が感じた気持ちを書き出しましょう。
書くだけ書いたら、ビリビリに破いてゴミ箱に捨てるか、目の前で燃やしてしまうことができれば完璧です。
ネガティブな思いに対して、こんな対処法があると知っているだけでも、ずいぶん気が楽になりませんか？

Promise

3

自分らしく、
楽しく書く

前章で、「書く」ことは「神様と約束すること」と書きました。
「書く」ことは、神様という名のシェフがいる宇宙レストランのオーダー表に記入するようなもの…。自分の食べたい料理を食べたい分だけ、気軽に注文すればよいのです。
何せ相手は神様。何を注文しても不可能はありません。
そこにネガティブなことを書くのは、オーダー表に自分の「嫌いなもの」をせっせと書き込んでいるようなもの…。料理が目の前に運ばれてきてから、「こんなものを頼んだ覚えはない！」と叫んでみてもあとの祭りです。

さらに、いくら文法的に正しくても、あなたが本当にココロで想っていることでなければ、宇宙レストランにオーダーは通りません。つまり、「書いていることと、想っていることの間にズレがないか」が大事なポイントになるのです。
そのためにも、「自分らしく、楽しく書く」ということをルール化しましょう。
「自分らしさ」を自由に表現することで、「自分らしさ」が加速します。「楽しい」を書いてオーダーすれば、「楽しい」が運ばれてくるのです。こんな美味《おい》しい「法則（ルール）」を使わない手はないと想うのですが、いかがでしょうか？

Promise

4

書き終えたら、必ず1度は読み返す

「書くための約束その４」は、「書き終えたら、必ず１度は読み返す」です。それは、自分で書いたものに対しては、100%の責任が求められるから…。「書く」ことは「神様との約束」ですから、当然といえば当然のことでしょう。

メールはすぐに送れる速攻性がウリですが、反面、読み返さずに送ってしまい、それがトラブルの元になっているケースも少なくありません。急いで書いた文章には、「焦りや怒りの波動」が乗ってしまいやすいからです。
大事なメールや文章、手紙ほど、送信・投函《とうかん》する前にひと呼吸。もう１度、読み返すことをオススメします。本当に大事なものであれば、手紙であれ、メールであれ、ひと晩、置いておきましょう。朝、目が覚めてから、静かにその内容を読み返してみてください。
たった、それだけのことでトラブルは激減し、人生が好転することを私が保証します。
このルール（約束）、だまされたと想って、ぜひ、取り入れてみてください。

Promise

5

「ありがとう
ございます」
から始める

最後に紹介するのは、「書き出し」についての約束です。
人間ですから、時には愚痴や泣きごとを書いても構いません。ただ、必ず感謝の言葉から書き始めましょう。
たとえば、こんな感じです。
「○○です。いつもありがとう。実は今日、最悪なことがあって…」
できれば、「ありがとう」ではなく、「ありがとうございます」のほうがベターですが、友だち同士でちょっと堅苦しく感じられる場合は、「ありがとう」でもよいでしょう。

違ってくるのは、印象だけではありません。書き出しに感謝の言葉を入れるだけで、その文章全体が発しているエネルギーがまったく変わってくるのです。
「ありがとう」から始めると、途中でどんなに文句や愚痴を書いたとしても、不思議なことに最後はやっぱり、「ありがとう」で締めくくられるのです。
さらには、「ありがとう」を投げかけると、相手からも「ありがとう」の言葉が返ってきます。
書く相手がいるというだけで、十分、感謝に値すること。
その感謝の気持ちを「最初に」乗せましょう。

Chapter 3

「魔法の手紙」を書くための「魔法のスキル」

Chapter 3 を
読むと起こる
奇跡って？

「書く」本当の意味は理解できた、
5つの約束も覚えたから、もう大丈夫…。
確かに、あなたは、シッカリ学んできました。

でも、実際に書くのは、もう少し待って…。
ここまででご紹介したのは、いわば、
「書く基本と心がまえ」。

この章では、「いい文章」を書くには
どんな点に気をつければよいか
文書力アップのための実用的・実践的なことを
詳しく説明していきます。
しっかり読んで、
さらなるスキルアップを目指しましょう。

Letter of magic

1

すべての文章を「手紙」のように書いてみよう!

「書く」ことは、「神様との契約書にサインする」に相当する行為ですから、それを知れば、適当に書くということは、できなくなります。
もちろん、すべてを「神との約束」などと、堅苦しく考える必要もありませんが、「書く」ことで、書いたことが現象化しやすくなるのは間違いありません。

そこで私のオススメは、「すべての文章を、手紙を書くように書いてみる」という方法です。
基本的に何かを書くときは、目的があり、伝えたい相手がいるから書くのではないでしょうか。もちろん、自分のために書くこともあるでしょうが、それは伝えたい相手が「自分」になっただけのこと…。いずれにしても、誰かに何かを伝えるために、書いていることには変わりありません。

そう考えると、すべての文章は、「あなたから誰かに対する手紙のようなもの」と考えても差し支えないハズです。
「すべての文章を、手紙のように書いてみる」
この意識を持つだけで、あなたの文章はきっと見違えるようになるハズです。

手紙だからと言って、特にかしこまる必要はありません。
ポイントは３つ。「いちばん伝えたいことは何なのかを考えながら書く」「丁寧に書く」「敬意と感謝を込めて書く」の３つを大切にするといいでしょう。

私の場合、自分の手帳にスケジュールを書き込むときにも、「○日、○時、東京で○○さんと出版の打ち合わせ」と書くよう心がけています。
メモの目的だけを考えれば、「○日、○時、東京、○○」でも十分です。たぶん、そんなふうにスケジュール管理されている方も多いでしょう。書く文字が増えると、それだけ時間もかかりますし、確かに効率的ではありません。

しかし、私は「書く」ことが「神との約束」につながることを知っているので、お仕事でお目にかかる相手のことを「呼び捨て」で書くことはありません。
さらに目的を明確化するためにも、「何のために会うのか」ということも書き記すようにしています。そして、メモであっても、できるだけキチンと手書きで丁寧に書くよう、心がけているつもりです。

そんなふうに、スケジュールメモひとつでも「手紙」のように書くことが可能ですし、そうやって書くことで、そこにシッカリとあなたのエネルギーが宿るのです。
そうすると、はじめてお目にかかる人であっても、自然にそのご縁の深さ、ありがたさが感じられ、話がスムーズに進むことも不思議ではなくなります。

スケジュール帳でも、「手紙」のように書いてみる…。
ちょっとステキな「魔法のスキル」だと想いませんか？

Letter of magic

2

「紙に書くこと」と「ネット上で書くこと」の違いとは？

あなたは今日、紙に手書きで文字を書きましたか？
メールが全盛の現在、手書きで文字を書く機会は激減しています。
それが一概に「悪い」とは想いませんが、メールにはメールの、手書きには手書きの特徴やよさがあるので、それを意識して、使い分けることは「魔法の手紙」を書くための、大切な「魔法のスキル」のひとつです。

「紙に直筆で文字を書くこと」の特徴は、「自らのエネルギーが固定化されること」だと想います。それはあなたというエネルギーを表現した、この宇宙に唯一無二、完全オリジナルの「作品」だと言ってもいいでしょう。
「同じ文章」を書くことはできますが、「同じ文字」は２度と書けません。どんなにマネをして似せてみても、コピーしたとしても、それはもうオリジナルではなく、エネルギー的に見れば、別物なのです。

これに対して、携帯メールやＰＣメールなど、「ネット上で書くこと」の特徴は、「エネルギーがどんな形にでも変化し、増幅されること」だと想います。

ネット上では、「あなたの文字」は存在しません。
厳密には「あなたの文章」もありません。マネをしようと思えば、100％完全にコピーすることが可能です。
つまり、ネット上では「あなた」という「個」は存在しないとも言えます。

「紙に書く」のは、あなた個人と神様との個別契約書にサインするようなもの。あなたの声を直接、神様に届けることができるメッセージカードを書いているようなものかもしれません。

これに対して、「ネット上で書く」のは、ある意味、宇宙の選挙で神様に対して、１票を投じているようなもの…。
私たちがネット上に毎日、書き込む文章の内容によって、宇宙の行く末が決まる投票権を行使している…。こう考えると少しイメージできるでしょうか。

つまり、「紙に書く」ときは、より「個」を意識して…。
「ネット上で書く」ときは、より「全体」を意識して書く…。
それが、それぞれの特徴をつかんだルールです。

そう考えると、個人的な願望や夢・ビジョンに関しては、紙に書いたほうが、夢の実現が早まります。一方、地球全体、人類全体、関わる人すべてに関する気づきや覚醒を促したり、祈りの想いを伝えるためには、ネットを活用して書いたほうが効果的なのです。

「ネット上で書くこと」がこれほど広がってきている現状を見ると、もう「個人の願望」を優先する時代は終わり、「全体としての意識」に多くの人が目覚めてきている証《あかし》なのかもしれませんね。
そんなこともちょっと意識して、ネット上では「みんなへの手紙」のつもりで書いてみることをオススメします。

Letter of magic

3

ネット上の文章は「見た目が９割」

さて、ここまで「紙に書く」ときと、「ネット上で書く」ときの特徴をおもにエネルギーの視点からまとめてみましたので、今度は、もう少し実践的な内容を…。

まず、「ネット上の文章は、見た目が９割」だと覚えておきましょう。
もちろん、「紙に書く」ときも「見た目」は重要な要素です。
しかし、紙に書く場合は、その時点である程度、読み手が想定されているハズです。
自分も含めて、読む相手が最初から、ある程度限定されているのが、「紙に書く」場合の特徴でもあります。

それに対し、ネット上の文章は、１度発信したら、そのあとどうなるのかは不明です。もちろんメールでも相手を限定して書いていると想いますが、それが転送されたり、加工されたりして、ひとり歩きする可能性は否定できません。

ネット上で書く場合、第三者に見られるかもしれない可能性を踏まえた上で書くように、意識したほうがいいでしょう。
それだけにネット上では「見た目」が重要になるのです。

インターネットのスゴイところは、どんなに世界的な大企業のＨＰであろうが、たったひとりで自分のためだけに書いているブログであろうが、画面上ではまったく同じ扱いであるということです。

現実的な社会では、そのような世界的大企業と「名もないあなた」が同列に扱われることはあり得ません。注目度や社会的な影響力、アクセス数などを考慮すれば、世界的大企業のＨＰを表示する場合、通常の何十倍にも画面が大きくなってもおかしくないぐらいです（笑）。

しかし実際には、そんなことにはなりません。
大企業であろうが、一個人であろうが、ネット上での扱いはまったく同じ条件です。

これは本当にスゴイことで、あなたのブログと「トヨタさん」や「ソニーさん」などの大企業とが、まったく同じ土俵に上がっていることを意味します。ある意味、あなたのブログは「トヨタさん」や「ソニーさん」と比べられている…、比較の対象になっているということ。

だからこそ、「見た目重視」なのです。別に「トヨタさん」や「ソニーさん」と勝負する必要はありませんが、それらの大企業のＨＰに書かれている文章と、あなたがブログでつづっている文章とは、見る側が受けるのはまったく同じ影響度…、そこに差はありません。

つまるところ、ネット上の文章は、まず「見た目」。パッと見たときの感じ、「印象」が９割なのです。

それが「いい感じ」ではないと、読み進めてもらえません。読んでもらえない文章は、残念ながら、現実化するエネルギーも低いと言わざるを得ません。

ネット上の文章は、「見やすさ・読みやすさ」に徹底的にこだわってみましょう。
それも、書くことで奇跡を起こすための「魔法のスキル」のひとつです。

Letter of magic

4

ネット上で文章を書くための「5つのオキテ」

ネット上では、「よい・悪い」に関係なく、発したエネルギーが「変化・増幅」されるので、大変なものが返ってくるのも、すばらしいエネルギーが返ってくるのも、あなた次第なのでしたね。
いずれにしても、インターネットは、「もろ刃の剣」。
使い方次第で、まったく違う現象を招くことになることだけは忘れないようにしたいものです。

ここで、ネット上で文章を書くときに、気をつけておきたい「5つのオキテ」をまとめておきますので、参考にしてみてください。
もちろん、この前に「見た目が9割」「見やすさ・読みやすさが重要」という大前提があるということもお忘れなく…。

1 ネット上の文章は「つかみ」が最重要

これは、「見た目が9割」「見やすさ・読みやすさが重要」という大前提を、さらに具体的な形に落とし込んだもの…。
ネット上の文章には、スピード感が要求されます。
それが紙に書くときとの大きな違いです。

ワンクリックで、すぐに別のサイトに移ったり、画面を消去されてしまうのですから、ある意味、仕方ありません。
「オヤ？」「アレ？」と相手の注意をひきつける、「つかみ」のコピーが重要です。とりあえず、つかまないと、次に進んでもらえないので、ここは特に重要です。
あなたの文章の「出だし」は、思わず続きが読みたくなるような、「つかみ」の工夫がされているでしょうか？
セルフチェックしてみましょう。

2 ワンセンテンスはできるだけ短く、言い切る形で

見やすく、読みやすい文章にするためのコツは、1文を長くしないこと。さらに短く言い切る勇気を持つことです。
ひとつの目安としては、1文が3行以上続くことは避けましょう。通常、ワードの書式は1行が40文字程度に設定されています。ブログやツイッターなどの1行も大体、30～40文字の間に設定されているようです。それが3行で約100～120文字となります。

その辺りの文字数が、パッと見て一瞬でとらえられる、人間の視覚の範囲の限界であり、人間の脳が1度に覚えられる文

章量の目安でもあると言われています。
つまり1文の長さも、その程度（約100～120文字）をひとつの目安にして、その中で言い切るようにしましょう。それ以上、長くなる場合は途中で切って、文章を2つに分けたほうが確実に読みやすくなるので、試してみてください。

3 改行と行間空けをできるだけ頻繁に行う

通常、1行の文字数が30～40文字程度と書きましたが、ネット上で読みやすく工夫しようと思うのなら、1行の文字数はもっと短いほうがいいでしょう。

私の個人的な感覚ですが、ネット上の1行は、20～25文字以内に収めて、それ以上、長くなる場合は、頻繁に改行したほうが読みやすくなると想います。
こうした書籍の場合なら、読み手の心構えができているので、1行が40文字くらいあってもまだ大丈夫なのですが、ネット上での1行40文字は、かなり圧迫感があります。

携帯メールなどは画面が小さいこともあるのですが、1行15文字程度ですから、それに慣れていると、1行が長い文は、見ただけで読む気が失《う》せてしまいます。

「１行の文字数を減らす」「頻繁に改行する」「行間を空けて、圧迫感をなくす」

この３点はぜひ、心がけてみてください。

4 「句点」だけでなく、「読点」でも改行する

これも文章を見やすくするための工夫のひとつです。

文法的には正しくないかもしれませんが、ネット上で「見やすい文章」をつくるためには「正しい」作法だと、私は想います。

時には「読点」「句点」にこだわらず、文章の途中であっても改行して構わないと想います。

ひとつの文章の塊が３行以上になる場合は、必ず改行し、１行、行間を空けて、３行以上の塊をつくらないということをルール化しておくと、ネット上での文章の「見た目」の印象はガラリと変わるので、ぜひお試しを…。

5 写真やイラストも柔軟に取り入れる

ネット上では「漢字」や「ひらがな」「カタカナ」、「アルファベット」だけが文字ではありません。

「顔文字」や「絵文字」「数字」も文字ですし、「…」「♪」「？」「！」「(笑)」「(涙)」「(辛)」などの記号も、立派な文字として通用します。
カッコ（「」『』【】）の使い方ひとつでも、文章の印象は変化しますし、さらに「写真」や「イラスト」を使うことで、あなたが書いたメッセージのエネルギーは無限の変化を見せることになるでしょう。

そうした制約のない、柔軟な変化こそ、ネット上の文章の最大の特徴だと言えるでしょう。
すべての表現手段を自由な発想で使いこなし、「あなたらしさ」を表現することこそ、「ネット上で書く」ことの楽しさであり、醍醐味《だいごみ》だと私は想います。

…以上、「５つのオキテ」を踏まえた上で、自由に楽しく表現してみましょう。
インターネットを通じて、世界に…、宇宙に…、「自分らしさ」を表現する喜びを、存分に味わっていただけることを、ココロから願っています。

Letter of magic

5

サクサク読める文章のキモは、「リズム感」

ネット上での文章では、何より「見た目・見やすさ」が重要ということが、おわかりいただけたかと想います。
今度は、「読みやすさ」のほうにも触れてみましょう。

私が考える「読みやすい文章」のポイントは、
ズバリ！「リズム感」です。
読み手にアタマを使わせないで、スラスラ読める文章が、私の考える「いい文章」の定義です。

私たちは通常、文章をアタマの中で音読して理解しています。「目で見ている」のではなく、「耳を通して、音で理解している」。ですから、「スラスラ読める文章＝リズム感ある文章」と言っても、まったく差し支えありません。

じゃあ、「リズム感のある文章」って？
それは、「５または７音節」が基本になっている文章です。

たとえば、「スラスラ読める（７）／文章とは、（７）／リズム感ある（７）／文章です（７）」という１文は、基本「７音節」で構成されています。

これを「スラスラと読める（8）／文章というものは、(11)／リズム感のある（8）／文章のことを（9）／指します（4)」と読み比べてみてください。
伝えたい意味は同じですが、どちらのほうが、よりスラスラ読めるでしょうか？

日本の短歌や和歌、川柳、俳句が「五七調」で構成されているのは偶然ではありません。「5または7音節」はより自然の音に近いリズムなのです。
これは、「音」を大切にする日本語の特徴のひとつと言えるでしょう。

ですから、読みやすい文章を書こうと想うのなら、「音」にこだわってみてください。どちらの言葉を使ったほうが、より自然のリズムに近くなるのか、「五七調」に収まりやすくなるのかを意識しながら、書いてみることです。

そのためには、自分の書いた文章を「音読」すること。
さらに声に出して読みながら、書いてみることもオススメします。

自分で書いた文章を声に出して、何度も読んでみましょう。
声に出して、スラスラ読めれば合格です。

つまったり、引っかかったりするようなら、文章のバランスが整ってないサイン。その場合は、「五七調」に照らし合わせて、文字を足したり、引いたり、言い回しを変えてみたり…と、リズムがよくなるように、工夫してみましょう。

「自分の書いた文章を声に出して、読んでみる」
「声に出しながら、書いてみる」
これでまた１歩、あなたの文章は確実に、「魔法の手紙」へと近づきましたね。

Letter of magic

6

「縦書き」と「横書き」を意識して使い分けてみる

ところで最近、あなたは縦書きの文章を書きましたか？
今はインターネット全盛の時代で、文章は大むね「横書き」が主流になっている感があります。
インターネットを世界に広めたのは、アメリカ・英語圏ですから、ネット上で「横書き」が主流になるのは当然です。英語は縦書きで書けませんし…。縦書きのメールなんて、見たことがないでしょう。

しかし、もともと日本語は縦書きの文化。日本語は縦に書くための文字なのです。筆を使って字を書くと、日本語が縦書き文字であることが、きっとよくわかるハズです。
筆を使って、横書きの文章を書いてみてください。バランスが悪くなりますし、何より書きづらいことがわかります。

エネルギー的に見ると、「横書き」の文章は、「人とつながる」ための文章です。横に伸びるエネルギーは、「フラット」「対等」「広がり」などを表します。
これに対して、「縦書き」の文章は、「宇宙とつながる」ための文章です。縦に伸びるエネルギーは、「誠実」「謙虚」「深み」などを表します。

どちらが「よい・悪い」はありません。それぞれに特徴や違いがあるので、目的に応じて、使い分けてください。

世界中の人と瞬時につながることができるインターネットの特性を考えると、やはり、普段は「横書き」でもいいと想います。しかし、「人とつながる」ことばかりを考えているために、「メール依存症」のような状態に陥る可能性もあるので要注意です。
そんなときこそ、意識的に「縦書き」の文章を書いてみることをオススメします。

「横書き」に慣れてしまっていると、最初は「縦書き」に抵抗がある上に、ペンもうまくはこべないので、文字が上手に書けず、嫌気がさしてしまうこともあるでしょう。ですが、本来、日本語は「縦書き文字」なので、縦書きにしたほうが絶対的にうまく、スラスラ書けるものなのです。

私たちの中には日本人としての、「縦書き文字」のＤＮＡが脈々と受け継がれています。
今は「横書き」全盛の時代ですが、だからこそ、「縦書き文字」を見ると、改まった気持ちになったり、より深いレベルで「宇宙とのつながり」を感じたりして、癒《いや》されることになるのです。

この時代、直筆で縦書き文字を書くのは、圧倒的に少数派なので、目立つこと、印象に残ることはうけあいです。
身近に縦書き文字を上手に書く人がほとんどいないような状態ですから、はっきり言って、字のうまい下手の基準が極めて、あいまいなのです。
だからこそ、「魔法のスキル」として、今こそ、万年筆や筆ペンなどを使って「縦書き、筆文字」に挑戦する絶好のチャンス！　だと私は想うのですが…。

Letter of magic

7

文章力の3要素「理解力」「共鳴力」「比喩力」

「いい文章」を書くための文章力とは、単に「文章をうまく書く力」のことではありません。
もちろん、文章表現に関する、こうしたスキルも大切な要素のひとつではありますが、最優先項目ではありません。
少なくとも私は、そう想います。

文章力とは、まず「自分の考えや想いをまとめる力」がベースになります。
時々、「この書き手は何を言いたいのか、よくわからない」文章に出くわすことがありますが、これは「表現力」の問題ではなく、「理解力」や「編集力」の問題でしょう。

当たり前の話ですが、自分が理解していること以上に、相手に伝えることは不可能です。相手によりよく伝えようと想えば、自らの理解度を深めるしかありません。理解度を深めた上で、どうすれば、よりわかりやすく伝えられるか…を考えて、編集作業を加えていくしかないのです。

次に必要なことは、「伝えたい相手に対する共鳴力」。
それは、相手の気持ちを思いやり、相手の想いに寄りそう想像力のことです。
自分の想いや考え方を一方的に押しつけるような文章では、それがいくら論理的に正しい文章だとしても、好意的に受け取られるハズはありません。

「私もそうだよ～」「ウンウン、わかる、わかる」「そういうとこ、あるよね～」と共感・共鳴できるところが、たくさんある文章が「いい文章」だと、私は想います。

さらに、その「共鳴力」を増幅・拡大させるのが、たとえる力、つまり「比喩《ひゆ》力」です。
お笑い芸人さんなど、話がおもしろい人の共通項は、この「比喩力」が多彩で、抜きん出ているのです。
「この感じ、この気持ち、この情景」をどうやったら、相手により臨場感を持って、伝えることができるのか…。
何にたとえると、もっとも相手に伝わるのか…。

それは、「想像力」の問題です。
「伝わる文章」を書こうと想えば、想像力を駆使した「たとえ話」が使えないと、それこそお話になりません。

自分が書いた文章を読むことで、相手が自分と同じ映像をアタマの中に描くことができれば、その文章は間違いなく、「いい文章」だと言えます。

ただ文章のテクニックだけを磨いてみても、肝心の中身が伴わないと、「張り子のトラ」「上げ底のお菓子」のようなもので、かえって「ガッカリ感」が増すだけ。逆効果になってしまうかもしれません。

「文章力」というスキルを活かすための、３要素。
「理解力」「共鳴力」「比喩力」
これもぜひ、覚えておいてほしい「魔法のスキル」です。

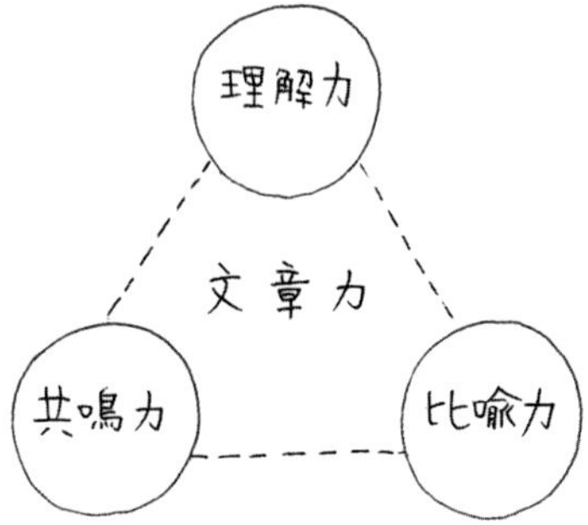

Letter of magic

8

「どう伝えるのか」より「何を伝えようとしているのか」

あなたがどんなにすばらしい「想い」を持っていたとしても、相手に伝わらなければ意味がありません。
その「想い」を伝えるためには、「伝えるためのツール」と、そのツールに合った「伝え方」「伝えるノウハウやテクニック」が必要になってきます。

ネット上のメールと、手書きのハガキや手紙とでは、「伝わり方」はまったく違うものになります。
同じ「書く」行為なのに、不思議できすよね…。

それぞれ使う道具《ツール》によって、当然、「伝え方」も変わりますし、目的に応じた道具選びも、「書く」ために必要なスキル・ノウハウだと言えるでしょう。

しかし、「どう伝えるのか」というスキルは、相手に「何を伝えようとしているのか」があってはじめて、役に立つものです。「伝え方」を学び、どれだけうまくなったところで、「伝えたいもの」がなければ、何の意味もありません。
まず、何より大事なことは、「あなたが伝えたいことを明確にすること」です。

「あなたが、いちばん伝えたいことは何ですか？」
「あなたはどうして、それを伝えたいのでしょうか？」
「そのことを、いちばん伝えたい相手は誰ですか？」
「たとえば、世界中の人々を前に、いちばん大切にしていることを伝えるチャンスが与えられたとしたら、そこであなたは何を伝えますか？」

ぜひ、これらの質問を自分の手でノートに書き写してみてください。
その上で、ゆっくり、静かに、これらの質問を声に出して読み上げ、自分の内側に投げかけていただきたいのです。

考えてみてください…。
今のあなたに、本当に求められているのは、スキルやテクニックではなく、そうした「自分の深い部分と向き合う覚悟」「自分の本質と対話する勇気」なのではありませんか？
「あなたが本当に書きたいことは何ですか？」
「あなたはなぜ、何のために、書こうとしている（書いている）のでしょうか？」

そうした本質と向き合うことは、避けて通れないこと…。

「書く」という行為は、あなたと「もうひとりのあなた」との対話、往復書簡、交換日記にほかなりません。
「書く」ことは、それが誰に対して書いたものであっても、結局はめぐりめぐって、自分自身に突きつけられることになる行為なのです。

だからこそ、まっすぐ本気で書いてください。
それが最後の、もっとも大事な、奇跡を起こす「魔法のスキル」です。

Chapter 4

「今の自分」に宛てて書く「魔法の手紙」

Chapter 4 を読むと起こる奇跡って？

「魔法の手紙」の基本は、
まず自分に対して書くこと。
それは、すべての「書く」という行為が
「自分のため」につながるから。

「書く」ことでもっとも癒されるのは、
あなたなのです。
あなたがあなた自身に「言葉」を贈ることが
できるのだから…。

この章では、普通のノートや日記を
「魔法の手紙」に変える方法をご紹介します。

自分に宛てた「魔法の手紙」を書くことは、
「自分はどういう人間なんだろう?」という問いに
気づきを与えてくれるでしょう。

Letter of magic

1

気づきが促され
もっとも癒されるのは
あなた自身

ここからは、書く対象（宛て先別、ツール別）の「魔法の手紙」についてお話ししていこうと想います。
「魔法の手紙」の宛て先は、大きく分けて３種類。
「今の自分」「大切な人」「宇宙」です。
まず、ここでは、「今の自分に」宛てて書く「魔法の手紙」の書き方について説明しましょう。

なぜ、人は書くのでしょうか？
「誰のために書くの？」と聞かれたら、迷わず私はこう答えます。
「自分のためです」と。

それはどんな内容のものであっても、変わることはありません。私が自分で書くものは、誰に宛てたものであっても結局、自分のために書いていると想っています。
もちろん、手紙やメールは相手に何かを伝えることが目的で書くものです。相手からの問いかけに返事をするために、仕方なく書く場合もあるでしょう。

しかし、「返事をしない」という選択だってあるのです。

「返事をする」「しない」は、あなたの自由。
「返事を書かない」という自由が与えられている中で、書くことを選択したのはあなたなのですから、それはやっぱり、「自分が、自分のために書いている」と言えるのではないでしょうか？

実際、「書く」ことでもっとも恩恵を受けるのは自分自身にほかなりません。
何度もお伝えしているとおり、“「自ら書いたこと」が、あとで「自分が受け取るものになる」”というのが、「書くときの黄金律」です。
「ありがとう」とたくさん書けば書くほど、あなたの元にたくさんの「ありがとう」が降り注ぐことになるのです。

さらにあなたが書いた「ありがとう」を、ネットを通じてたくさんの人に見てもらうことができれば、その「ありがとう」は見てもらった人のエネルギーの分だけ、増幅されてあなたに返ってくることになるのです。
こんな効率のよい、美味しいエネルギー投資はほかにないと言ってもいいくらいです。

自分で書いたものは、自分で何度もくり返し、見ること、読むことも可能です。
自分の話したことは、そのときかぎりで、録音でもしておかなければ、あとから聞き返すことはないでしょう。
しかし、自分の書いたものは、それが残っている間ずっと、そのエネルギーは生き続けていると言えます。

自分の書いた文章のエネルギーに、もっとも影響を受けるのは自分自身です。
自分の文章を読むことで、気づきが促され、癒されるのも自分なのです。

だからこそ、まずは自分のために書くことです。
ほかの誰のためでもありません。
すべての文章を、あなたが自分のために…、自分に宛てた手紙のように書いてみるのです。

そのとき、あなたの元に、静かに奇跡が舞い降りてくるでしょう。

Letter of magic

2

「魔法の手紙」を書くためには「ステキな本」をたくさん読むこと

あなたがココロを込めて書いた文章には、必ずエネルギーが宿ります。
キチンとココロを込めて書けば、多少、文章がおかしくても、相手にちゃんとエネルギーは届きますし、自分の元におかしなエネルギーが返ってくることもありません。
そういう意味では、文法などあまり気にせず、思ったとおり、好きなように書けばいいのです。
まずは、自分のために…。

しかし、最初は自分のためだけに書いていたとしても、だんだんつまらなくなってきますし、やはり「誰かとやりとりしたい」「レスポンスがほしい」と思うのが人情。
そこで第三者とのコミュニケーションのために書こうとすると、途端に大きな壁が立ちはだかります。
そう、「伝わらない、わかってもらえない」という壁が…。

これを解消するためには、やはりトレーニング、練習するしかありません。
「速く走りたい」と思うのなら、速く走るためのトレーニングを重ねるしかないように、「伝わる文章を書きたい」と思うのなら、伝わる文章を書くためのトレーニングを積み重ねる必要があります。

その中で、もっともオススメのトレーニング方法が、「ステキな本」をたくさん読むこと。
いいですか？
「いい本」「タメになる本」ではありませんよ。
あなたが「いいな～」「ステキだな～」と思える文章が書いてある本を、たくさん読むことが大切なのです。

その本を読んで、あなたが「いいな、ステキだな」と想ったということは、その本からのエネルギーが、あなたにキチンと届いたという証。
そういう文章こそ、あなたにとっての「魔法の手紙」であり、それこそ、あなたが目指す「伝わる文章」のお手本、サンプルだと言えるのです。

誤解を恐れず言いますが、がんばって正しい文章を書こうとする必要はありません。
いくら正しくても、おもしろくない文章、本当に伝えたいことが伝わらない文章は世の中にたくさん存在しています。
あなたが書きたいのは、そういう文章ではないハズです。

その文章を読んで、あなたが「いいな、ステキだな」と想うということは、あなたの中にその文章の書き手と同じものが確実にあるという証拠です。
「ちゃんと伝わる」ということは、相手と共鳴・共感できたということにほかなりません。

「ちゃんと伝わる文章」を書きたいと想うのなら、まずは自分の中の「ちゃんと受け取る力」を養うこと。

そのために、「ステキな本」をたくさん読んで、共鳴・共感する力に磨きをかけるところから始めてみましょう。

Letter of magic

3

あなたらしい「魔法の手紙」はまず「モノマネ」から

次にご紹介する「魔法の手紙」を書くためのポイントは、「メモ魔」を目指すこと。
「いいな。ステキだな」と想えるステキな文章と出逢ったら、すぐにメモをとる習慣をつけましょう。

本をたくさん読むことも大切ですが、ネタ元は本だけにかぎりません。テレビやラジオから流れてくる言葉の中にも、ヒントはたくさんあるでしょうし、お気に入りの歌詞のワンフレーズや、いい映画の「いいセリフ」なども、ネタの宝庫だと言えるでしょう。

私が本を読む目的は、新しい知識や考え方を得るということだけでなく、「いいフレーズに出逢うための投資」だと想っています。
１冊の本の中で、たとえ１行でも「いいな、ステキだな」というフレーズが見つかれば、「その１文に出逢うために、この本を買ってよかった」と言っても過言ではありません。

実際、自分が「いいな、ステキだな」と想える言葉、フレーズ、文章は、それぐらいの価値が十分あります。

あなたにも、その１文を読んだだけで、涙があふれてくる…という経験があるのではないでしょうか？
その感動はお金には換えられない価値がありますし、言葉が持つ無限のパワーを考えると、その１文を1000円程度で分けてもらってもいいのか…と想うこともしばしばです。

そう考えると、インターネットは「宝の山」に思えてきませんか…？
そこでお気に入りのブロガーを見つけて、チェックするだけで、毎日のように、すばらしい言葉の宝石を手にすることも可能です。

いずれにしても、まずは自分が「いいな」と想ったフレーズは片っぱしからメモすることです。それが「あなたらしい文章」のベース、土壌をつくることになるのです。

ただし、メモをメモのままにしておいてはいけません。
せっかく出逢った、「ステキな言葉」も、コレクションとして、しまい込んでいては、「宝の持ち腐れ」になるだけです。
メモした言葉は、できるだけすぐに日常で使ってみること。

自分のブログに書いてみるのもいいでしょうし、その言葉を、手紙やハガキで誰かに伝えるのもいいでしょう。

モノマネでも構いません。その言葉を実際に、自分でドンドン使ってみて、自分のものにしていくのです。

最初は、誰もが、「モノマネ」から始まるのです。
あなたがあなたのセンスで「ステキな言葉」を集めて、使っているウチに、あなた自身の「ステキな言葉」が必ず生まれてきます。
そうした言葉が集まって、やがて、あなたらしい「魔法の手紙」が、自然に書けるようになるのです。

Letter of magic

4

あなた自身への理解を深めることに手を抜かない

ところで、手紙を書く理由は、一般的に「誰かに何かを伝えるため…」と想われていますが、その「誰か」とは誰のことでしょう？
友人、家族、恋人など、その「誰か」に当たるのは、あなたにとって大切な人に違いありません。
その大切な人に対して、自分のことを知ってほしい、自分の想いを表現したいから「書く」のです。

でも、そんな大切な人の前に、もっと身近で、もっともっと大切な人がそこにいるのではないでしょうか？
そう、あなたのいちばん大事な人は、「あなた自身」です。
結局、誰に対して書いたものであっても、その文章をいちばん先に読むことになるのは、ほかならぬ自分自身です。
あなたが誰に対して書く、どんな内容の手紙であっても、その手紙がまず最初に届けられるのは、あなたのところになるのです。

「相手に自分の想いをちゃんと伝えたい…」と願うのは、当然でしょう。
そのために、伝えるテクニックを学んだり、お手本になるステキな言葉をマネしてみたりするのも大事なことです。
しかし、あなたの書いた文章が、相手に伝わるかどうかは、あなた自身に伝わっているかにかかっています。

あなたからの手紙をいちばん最初に受け取り、いちばん理解してくれる相手は、そう、あなた自身なのです。
あなた自身が自分の書いた文章をちゃんと受け取れないで、ほかの人に伝わるハズはないのです。

つまり、相手に想いを伝えようと想うのなら、まずは自分自身に想いがちゃんと伝わらなければなりません。
そのためには、まず、あなた自身の理解を深めなければなりません。

あなたの書いた手紙を、あなたより深く、相手が理解できるハズなどありません。相手に自分の想いを届けたければ、まず、自分自身にその想いを深く、深く染み込ませる必要があるのです。

「愛している」と本気で伝えたいのなら、あなた自身が「愛」

について、深く理解しなければなりません。
「愛している」という文字を書くのはかんたんです。
しかし、それだけでは「愛」を伝えることはできません。
「愛」に対するあなたの理解が薄っぺらいものならば、「薄っぺらい愛」が伝わるだけです。

「愛とは何か？」
あなた自身の「愛」に対する理解度が、そのまま相手に伝わる「愛」の深さを決めることになるのです。

だからこそ、むやみに相手に何かを伝えようとするよりも先に、自分自身の内側に向かって、手紙を書いてみることです。
自分自身に向かって、たくさんたくさん書いて、問いかけてみるのです。
何度も何度もくり返し、深く、さらに深く…。

自分の内側に対する、問いかけの手紙。
それこそあなたがいちばん最初に書くべき、「魔法の手紙」にほかなりません。

Letter of magic

5

「自分への手紙」を「魔法の手紙」に変える魔法のレッスンとは?

あなたの書いたものは、すべて「あなた自身への魔法の手紙」。だからこそ、「何を書くのか」より、「どんな状態、どんな想いで書いているのか」のほうが、その手紙のエネルギーを左右する、より重要な要素になると言えるでしょう。

まずは、「気持ちよく書くこと」。そして、「書くことを好きになること」。

これがいちばん大切なポイントです。
そのために、書くための「気持ちよい環境」を整えましょう。
手帳、ノート、メモ、日記帳、ペンや万年筆などのステーショナリー類を、お気に入りのものでそろえてみましょう。

手に持っているだけ、見ているだけで、テンションが上がってくるような道具を持つことが大切なので、適当なところで妥協しないようにして下さい。
もちろん、高ければいい…というものではありませんが、気に入ったモノに対する、投資はケチらないで…。
お気に入りの道具を使って書いている自分の姿を想像して、

ニヤけてしまう…そのくらいで、ちょうどいいのです。

「書く」ために、自分の好きなもの、気に入った道具を持ち歩くことはとても大事な要素です。
ここはちょっとこだわってみてください。

その上で、それらの道具を使うのにふさわしい、「書く」場所にもこだわってみましょう。
あなたが大切な自分への手紙を書くのに、ピッタリの気持ちいい場所はどこでしょう？

自分の部屋、オシャレなカフェ、それとも高級ホテルのティーラウンジ…？
自分が書きたいと想った、その場所で、お気に入りの道具を使って、手紙を書いている自分の姿を想像してみることです。

想像できたら、あとは実践あるのみ…。
お気に入りのステーショナリーをそろえて、「書く」場所が決まったら、さっそく「今の自分に宛てた手紙」を書いてみましょう。

自分に宛てた手紙の代表として、次ページから紹介するのが「手帳」「ノート」「メモ帳」「日記」です。

普段使いの手帳やノートは、あなたの「書く」エネルギーの象徴・分身と言えます。

そこに愛着がなければ、「書く」こと自体を好きになれないでしょうし、もちろん、そこから「いい文章」や「魔法の手紙」が生まれることもありません。

次ページから、実際の「道具《ツール》」、ステーショナリーごとに「書く」ポイントを説明します。
自分に宛てた「普通の手紙」が、「魔法の手紙」に変わっていく奇跡を、あなたも体験してみてください。

では、魔法のレッスンをはじめましょう…。

A letter to me

「普通の手紙」を
「魔法の手紙」に変える
魔法のレッスン

手帳

手帳に「書く」ときのポイントは、３つ。
書く内容を「約束」「宣言」「質問」の３つのどれかに分類することを意識して、書きとめるということです。
手帳の仕事はおもにスケジュール管理でしょう。
あなたは何気なく、予定を書き込んでいるかもしれませんが、未来の予定を書き込むことは、未来を創造しているのと同じこと。「神との約束」そのものです。
ですから、あまりいいかげんな「約束」を手帳に書くものではありません。手帳に書くことによって、実現してほしくない「約束」まで、現実化が加速されるので要注意です。
「約束」以外では、「質問」と「宣言」をセットで「書く」こともポイント。仕事上でもプライベートでも、問題や相談ごとのトラブルはすべて「質問」形式で記入しておきましょう。「困った。どうしよう…」ではなく、「どう対処すればいいか？」と書くことです。
それに対し、今できること、思いついたことを「宣言」の形で書いておきます。「〜しようと思う」「〜できればいいな」ではなく、「〜します」「〜するぞ」と書き込むのです。
これだけで、あなたの普通の手帳も、間違いなく「魔法の手帳」に変身します。

A letter to me

「普通の手紙」を
「魔法の手紙」に変える
魔法のレッスン
ノート

私が実践しているノート術は、極めてシンプル。
「基本的にネガティブなことは書かない」。それだけです。

拙著『２週間で一生が変わる魔法の言葉《じゅもん》』（きこ書房）の中では、「魔法のノート」を紹介していますが、これは日々、日常の中で起きる、些細《ささい》な「うれしい、楽しい、幸せ」をつけるノート術です。
「いいこと探しノート」を実際につけてみると、日常の中の「奇跡」に気づくための感性が磨かれて、奇跡が加速していくことになるのは、10万人近い実践者が実証済み。ご興味がある方はご一読をオススメします。

ネガティブなワードを入れてしまうと、どうしても発想がネガティブなものに片寄りがち。ノートには、できるだけニュートラルな状態で、事実を書く習慣をつけましょう。
仕事上のトラブルや問題点をメモするときは、その事実が連想されるワードだけを書きとめるようにしましょう。
「○○店でクレーム発生」「○月の予算達成が困難」というメモであれば、ネガティブワードを入れず、「○○店」「○月の予算」という単語だけでも十分です。

A letter to me

「普通の手紙」を
「魔法の手紙」に変える
魔法のレッスン

メモ帳

成功者の共通項はいろいろありますが、「メモ魔」であることも、間違いなく成功者に共通する習慣のひとつ。
ではなぜ、メモ帳を持ち歩いたほうがいいのでしょうか？
ひとつは、「斬新なアイデアほど、淡雪のように、はかなく消えていくものだから」。
ふたつ目は、「本当にすばらしいアイデアほど、メモがとれないようなタイミングや場所でひらめくものだから」です。

歩いているときや移動中の電車内、トイレなどで、フッとひらめいた経験は誰しもあることでしょう。そんなとき、書きとめるものがないと、せっかく届けられた宇宙からのギフトが素通りしてしまうことになるだけ…。
メモ帳を携帯することこそ、宇宙からあなたの元にやってきたギフトを確実に受け取るための方法なのです。
ただし、メモはあくまでメモとして割り切ること。
メモ帳は「言葉の仮置き場」みたいなものですから、メッセージにつながるヒントやキーワードだけでもいいので、素早く書きとめることが大切です。
自分で書いた実感があれば、それは必ず、必要なときにちゃんと取り出せますから、安心して…。

A letter to me

「普通の手紙」を
「魔法の手紙」に変える
魔法のレッスン
日記

「今の自分」に宛てた手紙の最後のひとつは、「日記」です。これは今、流行《はや》りのブログではありません。あくまで昔ながらの「手書きの日記帳」のこと。現在、手書きの日記帳をつけている人が、どれくらいいるのかわかりませんが、かなり少ないことだけは確かでしょう。

「自分のために書く」という基礎フォームをつくるためのトレーニングに、「日記」ほど適したツールはありません。
日記こそ、純粋に自分のために宛てて書く手紙であり、それは「内なる自分」「本当の自分」と交わす「交換日記」そのものだと言えるかもしれません。

私は一時、毎晩寝る前に、自分でつくったカードを引いて、そのカードのメッセージを毎日、手帳に書き記していた時期がありました。そんな形の日記もアリだと私は想います。

まずは手帳の片隅の、ほんの少し、１行だけでもいいので、その日を振り返って、感じたことを書き記してみましょう。
日記とはその内容よりも、書き続けること、つまり自分と対話を続けること自体に意味があると私は想います。

Chapter 5

「大事な人」に宛てて書く「魔法の手紙」

Chapter 5 を読むと起こる奇跡って？

一般的な手紙でいちばん多いのが、
この「大事な人に宛てた手紙」ではないでしょうか。
なぜ、手紙を書くのか…。
それは、大事な人に伝えたい
つまり、つながりたいからなのです。

大事な人にこそ、キチンと想いを伝えたいもの…。
ただし、「書く」注意点を守らないと
間違って伝わるおそれがあります。

ここでは、ハガキや手紙をはじめ、メールなど
「大事な人」に宛てた手紙を
「魔法の手紙」にする方法を
ご紹介していきます。

Letter of magic

1

「書くこと」の本質は「つながること」

私たちは誰かに何かを伝えたくて、書きます。
そして、伝えることは、つながること。私たちは誰かとつながりたくて、自らの想いを書くのです。

ただし、「誰と」つながるのか、その順番が大切です。
私たちはまず、目の前の相手とつながろうとします。
もちろん、それが間違っているワケではありませんが、残念ながら、目の前の相手とつながろうとすればするほど、「つながれない」というジレンマを抱えることになるのは避けられません。

厳しいようですが、どんな愛する相手であっても、どんなに長い間、一緒に暮らしてきた家族やパートナーであっても、他人は他人…。
完全にひとつになるほど深くつながることは、精神的にも、肉体的にも不可能なのです。

では、自分以外の相手とは、深くつながれないのでしょうか？　そうではありません。つながる順番さえ間違えなければ大丈夫です。

たびたびお話していますが、重要なのは、相手とつながろうとする前に、まず、自分自身と深くつながること。
自分の内側、本質の部分と深くつながることなくして、相手と深くつながることはできないと知ってください。

自分の内側とのつながりの深さと、相手とのつながりの深さは比例します。あなたが自分自身と深くつながれなければ、相手と深くつながることは、あり得ないのです。

それは、「書く」という行為についても同じこと。
「書く」ということは、自分の書いたものを通して、自分と自分の内側とのつながりの深さを確認することにほかなりません。

ですから、「書く」ことによって、自分の想いを相手に伝えたい、相手ともっと深くつながりたい…と想うのなら、相手にアプローチする前に、自分の想いを自分自身に伝わるようもっと真剣にくり返し書いてみましょう。
そこで手を抜かないことが肝心です。
あなたは自分の書いたものを、キチンと腑《ふ》に落とし、深く理解できているでしょうか？

まず、自分。それから、相手です。
その順番を間違えてしまうと、どんなにがんばって書いたところで、いつまでたっても、あなたの本当の想いは相手に届きませんし、届いたところで、薄っぺらいエネルギーしか伝わらないので要注意です。

まずは、あなた自身が自分の文章（手紙）と向き合い、あなたの本質とつながること。そうすれば、相手とも自然につながれるようになるのです。
だって、私とあなたの本質は深いところで、すでにつながっているのですから…。

Letter of magic

2

「魔法の手紙」を書くことで味わえる3つの喜び

あなたが自分の内側と深くつながった状態で書いた文章、「手紙」には、「感動」や「喜び」の波動が宿っています。
本当に「うれしい！」と想って書いた手紙には、「うれしい」のエネルギーが染み込み、「表現できる喜び」に満ちているのです。

それは、相手にこの「喜び」のエネルギーをどうやって届けようか…と考えるより前に、うれしくて、うれしくて仕方ないので、つい書いちゃったという状態。そこには「書く」だけでうれしい！ さらにそれを届ける相手がいることがうれしい！ という「表現する喜び」にあふれています。
これが「魔法の手紙」を書くことで味わえる、ひとつ目の喜びです。

そうした「喜び」のエネルギーにあふれた手紙は、必ず相手の深い部分に届き、相手の「喜び」を揺り動かすことになります。
受け取ったほうは、出したほうの「喜び」のエネルギーに感化されて、何だか自分までうれしくなってしまうのです。
そして思わず、差し出してくれた相手に「よかったね！ 私もうれしいよ」と伝えたくなります。
そんな共感の返事をもらえれば、さらにあなたはうれしくなって、再び「喜び」のエネルギーを分かち合いたくなることでしょう。
そうやって、「喜び」のエネルギーが連鎖拡大していくことになるのです。

これが「魔法の手紙」を書くことで味わえる、ふたつ目の喜び、「共鳴・共感する喜び」です。

さらに、あなたが発した「感動」や「喜び」などのポジティブなエネルギーに共鳴・共感した相手は、手紙を通して、そのエネルギーに感化され、自分でも同じような「感動」や「喜び」などのポジティブなエネルギーに注目するようになります。

その結果、ポジティブなエネルギーが相手にも移り、相手も同じようにポジティブなエネルギーを磁石のように引き寄せられるようになるのです。
そうすることで、確実に相手の人生も、プラス方向に現実的に変化していきます。

これが「魔法の手紙」を書くことで味わえる、3つ目の喜び、「変化する喜び」です。

ただ、手紙を書くだけで、これら「表現する喜び」「共鳴・共感する喜び」「変化する喜び」の3つの「喜び」を味わうことができるのが、「魔法の手紙」の醍醐味であり、すばらしさなのです。

相手が変化するということは、その発信源であるあなた自身が変化しているからこそ。
外側に見えている変化は、すべて発信したあなた自身の内面の変化を映し出しているだけに過ぎません。

ここにも確かに、"「自ら書いたこと」が、あとで「自分が受け取るものになる」"という、「書くときの黄金律」が活かされていると知ることです。

Letter of magic

3

「自分への問い」と「相手に対する問い」は「似て非なるもの」

「魔法の手紙」を書くコツは「問い」にあります。
相手と深くつながるためには、まず自分の内側と深くつながること、とお話ししましたね。そのためには、自分自身に対して、深く「問いかけること」が欠かせません。

しかし、同じ「問い」でも「自分に対する問い」と「相手に対する問い」は、「似て非なるもの」。
いったい、どこが違うのでしょうか？
「相手に対する問い」のほとんどは、相手を責めたり、裁いたり…。あるいは相手に対して、自分の正しさを証明しようとすることだったり、自分の想いどおりにコントロールすることだったり、文句・泣き言・愚痴・不平不満だったりするものが、ほとんどです。

「どうしてメールの返事が書けないのかな？」（自分への問いかけ）と「どうしてメールの返事が書けないの？」（相手への問いかけ）は一見似ていますが、そのエネルギーはまるっきり違うもの。
「どうしてメールの返事が書けないのかな？」と、その理由を自分の内側に問いかけることで、自分の内側とのつながりが深くなります。「返事が書けない理由」と真剣に向き合うことで、自分とその相手との関係性がより明確になるのです。
もちろん、その結果、相手との関係に変化が現れるかもしれませんが、それが自分の本音と向き合った結果ならば、お互いにとって、それは必要な変化であり、それこそが「ベストな答え」だと言えるでしょう。

しかし、「どうしてメールの返事が書けないの？」と直接、相手に問いかけてしまうのは、「問い」ではなく、責めているだけです。
「責める」という行為は、「自分は正しくて、相手は間違っている」と決めつけていることにほかなりません。
確かに自分のほうに正しさがあったとしても…、いえ、一見正しければ正しいほど、その正しさで責められることが、人をもっとも傷つけることになるのです。

コミュニケーションとは、「正しさ」を競い合う法廷ではありません。
コミュニケーションの目的は、相手とより深くつながることです。

自分の正しさを証明したところで、相手と深くつながれるワケではありません。
むしろ、自分の正しさを証明しようとすればするほど、相手とのつながりはドンドン薄れていくことになるのです。

相手に「問い」かける前に、まず自分に問いかけてみてください。
あなたは、何のために「書く」のか？ 相手に何を伝えようとしているのか？ …を。

大切な相手とより深くつながるために「書く」のなら、そこに必要なのは「問い」という名のネガティブ・エネルギーではなく、相手に寄りそうための、「共感・共鳴」のポジティブ・エネルギーです。

「問いかけるべきは、自分の内側。大事な人に問いかけない」
これも、大事な人に対して、「魔法の手紙」を書く際に、覚えておいてほしい「魔法のルール」のひとつです。

Letter of magic

4

相手に
「伝わったこと」が
あなたの「伝えたこと」

自分の本当に伝えたいことが、相手に伝わったときの喜びは格別です。
それこそ、「手紙を書く」ことの醍醐味であり、そこに「書く」ことの喜びも詰まっていると言えるでしょう。

一方で、ちゃんと伝わらなかったときは落胆しますし、傷つきます。
その残念な気持ちはよくわかりますが、それでは相手の反応に一喜一憂しているだけ…。相手の評価を得るためだけに「書く」ことになってしまいます。

くり返しお伝えしているとおり、どんな文章でもあっても、まずは「自分のために書く」のです。それが「書く」という行為の目的、いちばん優先すべきことだと想いますし、それでこそ夢がかなうのだと、私は信じています。
「魔法の手紙」とは、自分のために書きながらも、相手に自分の想いが伝わり、相手も喜んでくれる手紙のことです。

では、自分のために書けば、伝えたいことがキチンと相手に伝わるのでしょうか？

残念ながら、答えは「ＮＯ」です。
相手の想いは相手のもの…。
あなたが書いたものを相手がどう解釈するかは、相手にゆだねるしかありません。

あなたが「伝えた（つもりの）こと」が、相手に「伝わったこと」ではありません。
相手に「伝わったこと」が、あなたの「伝えたこと」なのです。そこに言い訳は一切ナシです。

現実的には、「そんなつもりで書いたんじゃないのに…」というスレ違いは珍しくありません。しかし、相手が「そんなつもり」に解釈したのだとしたら、やはり「そんなつもり」のエネルギーが、その文章のどこかにあったことは間違いないのです。
まずは、そのことを謙虚に認めてください。

そこで相手に責任転嫁しても始まりません。解釈の仕方を間違えたほうが悪い？ そんなふうに相手を責めるほど、相手との関係は悪化していくだけ…。それでは本来の「つながる」という目的から離れていくばかりです。

文章を通じて伝わるのは「論理」だけではありません。
もちろん、論理的な整合性を無視することはできませんが、
それ以上に確実に伝わっているのはエネルギー、波動です。

いくら論理的に正しい文章を書いたとしても、その逆のエネルギーを持って書けば、論理とは正反対のエネルギーが、ちゃんと波動として相手に伝わるものです。

人間の感性とはそういうもの…。
それを軽んじてはいけません。
相手に伝わったものが、あなたの発したものなのです。

「誤解された、ひどい！」と思う前に、自分の伝え方に不親切な言い方はなかったか、誤解させるような表現やエネルギーはなかったか、振り返ってみましょう。

自分で書いたものには、最後まで自分で責任を持つ。
「魔法の手紙」を書くための、大切な心構えです。

Letter of magic

5

「大事な人への手紙」を「魔法の手紙」に変える魔法のレッスンとは?

大事な人に手紙を書くとき、あなたは何を重視しますか？
内容？ ボリューム？ それとも、見た目…？

大事な人への手紙を書く際、大切なことは、「手紙に書く内容」だけではありません。
もちろん、内容がどうでもいい…というワケではありませんが、使う媒体(メール、手紙、ハガキなど)によって、こだわりのポイントも変わってきます。

ただ、どんな媒体を使ったとしても、共通して言えるのは、全体の「バランス」が重要だということ。

全体の「バランス」とは、言い換えれば、「さりげない、あなたらしさの演出」と言ってもいいでしょう。

「手紙なんだから、書いてある内容がよければ、それでいいじゃない…」
そんなふうに思うかもしれませんが、残念ながら、そうではありません。

あなたが書く手紙は、あなたの分身・象徴です。
内容さえよければ…と言っているのは、心が美しければ外見なんてどうでもいい…と言っているのと同じこと。
残念ながら、それでは「本当のあなた」をキチンと伝えることはできません。

メールなら、絵文字や顔文字の使い方、文体や書体、改行の仕方、署名など…。
手紙やハガキなら、便せん、封筒、筆記用具、ハンコなどの道具の選び方でしょうか。
「あなたらしさ」を演出するためのこだわりは、いくつもあります。

そうした「外見」の中に、自分なりのスタイルやこだわりをさり気なく表現することによって、「中身」である文章も活かされ、全体の「バランス」が整い、「あなたらしさ」がより伝わりやすくなるのです。

手紙を書くときは、この「自分らしさ」をどうすれば、バランスよく表現できるのかを、考えてみましょう。

そのために、オリジナルのハンコなど、「自分らしさ」を演出するための道具にもこだわってみましょう。
手紙全体から、あなたらしさが漂ってくるのが、「魔法の手紙」にほかなりません。

次ページからは、私がオススメする「大事な人へ宛てた手紙」のこだわりポイントをご紹介します。
気に入ったものをひとつでも実践すれば、あなたの手紙が「魔法の手紙」になることは、間違いありません。

A letter to someone special

「普通の手紙」を「魔法の手紙」に変える魔法のレッスン

ハガキ

「手書きハガキ」とは、ズバリ！「言葉のギフト・贈り物」です。
初めて出逢った人との「出愛《であい》のご縁」をつなぐためのコミュニケーションツールとしては最高のアイテムだと、私は想っています。

本当に「ハガキを書く」だけで人生は変わりますし、実際に変えてしまった人を、私は何人も知っています。
それどころか、「ハガキを書く」だけで生活が成り立ち、「ハガキを書く」こと自体が仕事になってしまった人さえいるのです。
ハガキこそ、まさに「魔法のツール」と呼ぶにふさわしいアイテムでしょう。

まず、さらっと読めるハガキは、相手の時間を奪いませんし、返事を強要することもありません。
第三者に見られる可能性があるので、あまりプライベートな内容を書くワケにはいきませんが、工夫次第で、どんな形にも変化させられる媒体です。

ＤＭのようなビジネス色の濃いものから、旅先からのポストカード、手書きの絵葉書まで、「あなたらしさ」を表現するためのツールとしては、手軽さ・価格を考えても、これ以上のものはない…と言っても過言ではありません。

特に初対面の相手には必須と言えます。あくまで、相手のためではなく、自分のため、自分の練習のために書かせてもらう…そんな気持ちで取り組んでみてください。

字のうまい下手、内容ウンヌンは二の次…。
まずは、「ハガキを書くこと」に慣れてください。ハガキを書く習慣をつけ、出し続けること。そうしていると、ハガキを書くことが、大好きになるハズです。

はっきり言って、私の人脈構築術は、右のような「手書きハガキ」だけ。これですべての人脈と、すべてのよきことを引き寄せてきたと言ってもいいぐらい…。

ぜひ、あなたも「手書きハガキ」にトライしてみてください。超オススメです。

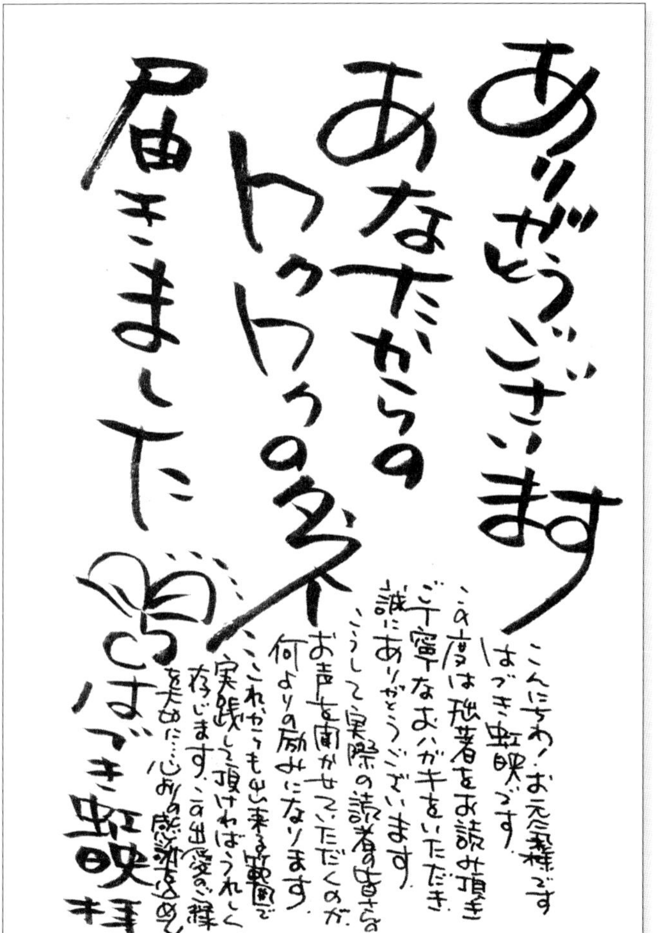

ありがとうございます
あなたからの
わくわくのタネ
届きました
はづき虹映様

こんにちわ！お元気様です
はづき虹映です。
この度は拙著をお読み頂き
ご丁寧なおハガキをいただき
誠にありがとうございます。
こうして実際の読者の皆さんの
お声を聞かせていただくのが
何よりの励みになります。
これからも出来る範囲で
実践して頂ければうれしく
存じます。この出逢いのご縁
を大切に…心よりの感謝を込めて

A letter to someone special

「普通の手紙」を

「魔法の手紙」に変える

魔法のレッスン

手紙

ハガキに比べると、「手紙」は相手との距離がグッと縮まり、親密感が増すツールです。
そう、ある意味、すべての手紙は「ラブレター」…愛を伝えるための「魔法のツール」なのです。

直筆の「手紙」は全体が、「あなたの分身」。
文章が、あなたの「ココロ」だとすれば、その行間に漂っている波動が、あなたの「魂」だと言えるかもしれません。
便せんが、あなたの「からだ」で、それらを包んでいる封筒が、あなたの「ファッション」だと言ってもいいでしょう。
それだけに「手紙」を書くときは、覚悟が必要です。
内容はもちろん、手書きか、ワープロか。手書きならどんなペンを使うのか。便せん、封筒、宛て名、切手は…？

何も、重々しく考えろと言っているのではありません。「あなたらしく」書くことが、何より大切なのです。
飾らず、気取らず、自分らしくありのままで…、ウソのエネルギーを発信すれば、あとで苦しむことになるのは自分。
細部にまで心を配り、心を込めて書く手紙こそ、「魔法の手紙」になるのです。

A letter to someone special

「普通の手紙」を「魔法の手紙」に変える魔法のレッスン

一筆せん

何かを送るとき、ちょっとひと言、添えるのに便利な「一筆せん」。ちょうど「ハガキ」と「手紙」の間に位置するようなツールです。メール全盛時代に、この「一筆せん」こそ、手書き・アナログのよさを活かすための最適ツールだと言ってもいいでしょう。

添える言葉は短くて構いませんが、もちろん、直筆で…。

短い文章だけなので、筆ペンなどを使って、普段、あまり使わない縦書きに挑戦してみるのには、絶好のチャンスだと言えます。

内容の基本は「感謝」で始め、「感謝」で締めくくること。

そこに、「あなたらしさ」が表現できるオリジナルのハンコやちょっとしたイラストなどが添えられると理想的です。

贈り物はもちろん、仕事の書類などに、そんな「一筆せん」が添えられていると、「ステキな人だな」と想いませんか？

受け取った相手がそう想ってくれれば、そのエネルギーがあなたの元に返ってきて、あなたの「ステキ度」が確実にアップするのです。

「一筆せん」で、あなたの「ステキ度」をアップさせ、ドンドンあなたらしさを輝かせてみませんか？

A letter to someone special

「普通の手紙」を
「魔法の手紙」に変える
魔法のレッスン

携帯メール

内容的には「ありがとうございます」という短い言葉を、ワザワザ手間暇かけて、ハガキや一筆せんをしたためるのはなぜでしょう？ その手間こそが、「感謝の想い」を増幅するための重要な要素ではないかと、私は想います。

感謝を短い言葉にまとめる感覚は、携帯メールがもっとも近いかもしれません。その意味では、携帯メールが「現代のハガキ・一筆せん」の役割を担っているように想います。

届いたメールに、急いで返信することも、確かに大切なコミュニケーションかもしれませんが、そこにひと手間加えられるだけの余裕、ゆとりを持つことが、「大人のたしなみ」だと言えるでしょう。

1　必ず「ありがとう（ございます)」から始めること。

2　文章の最後も「感謝！」「深謝！」で締めくくること。

3　さらに、自分らしい署名を入れること。

この3つを取り入れるだけで、あなたの普通の「携帯メール」は、大人の「魔法の手紙」へと変わるハズ…。

「親しき仲にも礼儀あり」。そこさえ押さえておけば、あとはライブ感を大切に、自分のそのときの気持ちを楽しく伝えられれば、それで十分ＯＫです。

A letter to someone special

「普通の手紙」を
「魔法の手紙」に変える
魔法のレッスン

PCメール

携帯メールが、「現代のハガキ・一筆せん」とすれば、ＰＣメールは、まさしく「現代の手紙」。
リアルな手紙との違いは、手軽さとスピードでしょうか。
そのため、世界との距離は確実に近づきましたし、つながりの自由度が増したことは、確かにすばらしい進歩です。
一方で、リアルの手紙だと、手紙の内容そのものだけでなく、使う便せんや封筒、ペンの種類などの外側の要素で、ある程度、ごまかしも利きましたが、ＰＣメールになるとそうはいきません。
ここでも大切なことは、「あなたらしさ」です。
短くても構いませんが、素っ気ないものにならないよう、注意してください。また、見やすく、読みやすいように書くことはもちろんですが、できれば使う書体や文字の大きさも、あらかじめ決めておきましょう。
さらに出だしの定形の挨拶文《あいさつぶん》や最後の締めの言葉。さらに、自分らしい「署名フォーム」をつくって、貼りつけることをオススメします。
最後に、「いってらっしゃい」とPCメールに声をかけて、笑顔でメールを送り出してあげましょう。これで確実に、あなたのメールには魔法がかかるはずです。

A letter to someone special

「普通の手紙」を
「魔法の手紙」に変える
魔法のレッスン

名刺

ビジネスシーンで活躍する「名刺」。「名刺」という名の、この短く小さな手紙も、また強力な「魔法のツール」です。
スピリチュアル的な観点からみれば、「名刺」とは、「相手を証人にして、自分が何者であるのかを宇宙に宣言するためのツール」。
そもそも「紙に書く」という行為は、エネルギーを固定化（確定）させる行為でしたね。
ですから、あなたが名刺を配り、名乗れば名乗るほど、あなたは「○○会社の△△さん（あなたの名前）」になっていきます。確かにあなたは、「○○会社の△△さん」かもしれませんが、その肩書でしか名乗っていないと、あなたはその役割しかできなくなるので要注意です。

そこでオススメしたいのが会社以外の「プライベート名刺」。
そこに「本当の自分」にふさわしい肩書をつけて、仕事以外で出逢った人に配ってみましょう。その名刺を配り、名乗ることによって、あなたは「本当の自分」が何者であるのか…を認め、想い出すことになるでしょう。
「たかが名刺。されど名刺」…この小さな手紙、あなどるワケにはいきません。

Chapter 6

「宇宙」に宛てて書く「魔法の手紙」

Chapter 6 を読むと起こる奇跡って？

最後にご紹介するのが、
「宇宙」に向けた「魔法の手紙」の書き方です。
「宇宙」への手紙は、「宇宙」に対する宣言であり
広く世間に対して発信するということ…。

あなたの宣言（ビジョン）が
多くの人の目に触れれば、
エネルギーも増幅されていきます。
うまく使えば、もっとも夢実現に
近づける魔法の手紙なのです。

しかし、よい・悪いは関係なく
エネルギーが膨らむため、
取り返しのつかないほど恐ろしいことを
引き起こす可能性も…。

この章では、インターネットを中心に
上手に宇宙への手紙を発信するための
方法をご紹介します。

Letter of magic

1

イチロー選手の作文に見る特徴

ここでかの有名な、大リーグで活躍中のイチローさんの作文を175ページにご紹介しましょう。
これは、小学校6年生のときの作文ですが、12歳とは思えないほど、しっかりと将来を見据えていますし、未来のビジョンが明確です。それだけでなく、何より今すべきことにちゃんとフォーカスしていることも見てとれます。

この作文を読んで、「やっぱり、世界で活躍するような天才は小さいころから、違うわね～」と感心している場合ではありません。
この作文の中に、夢をかなえるための「魔法の手紙」に関するヒントがたくさんちりばめられているのです。

私なりに、作文の特徴をまとめてみると、ポイントは3つ。
1 「言い切り・宣言型」であること
2 「最初と最後が同じ結論」の「ブーメラン型文法」であること
3 「噴水型ビジョン」であること
まず、ひとつ目の「言い切り・宣言型」。これは、前述しましたが、「魔法の手紙」を書く際の必須ルールです。

「〜なるといいな」「〜なりますように」では、残念ながらその夢がかなうことはありません。
ここは「なる」と言い切って、エネルギーを固定化（＝確定）してしまうことが大切なポイントなのです。

ふたつ目の「ブーメラン型文法」については、詳しく後述するので、次は３つ目の「噴水型ビジョン」。
これは夢やビジョンが、「自分のためだけ」に留まっていないことがポイントになります。
イチローさんは「お世話になった人に招待状を配って応援してもらいたい」と書いています。

これは自分の夢が、自分のことだけに留まらず、まわりの人の幸せや喜びにもつながっているということです。
まず自分の夢やビジョンを達成することが先にあるのですが、それが達成されたとき、噴水から噴き上げられた水が周囲に飛び散るように、あふれ出たポジティブなエネルギーがまわりの人の上にも降り注ぐことを予見しています。

３つの要素をちゃんと盛り込み、未来にビジョンを放った上で、今できること、目の前のことに集中して取り組むこと。これこそ、宇宙に向けて書く、「夢をかなえる魔法の手紙」に必要不可欠な要素だと言えるでしょう。

イチロー選手が小学校6年生のときの作文

ぼくの夢は一流のプロ野球選手になることです。そのためには、中学、高校で全国大会へ出て、活躍しなければなりません。活躍できるようになるには、練習が必要です。ぼくは、その練習にはじしんがあります。
（中略）
僕がじしんのあるのは、投手と打げきです。去年の夏ぼくたちは、全国大会へいきました。そしてほとんどの投手を見てきましたが、自分が大会ナンバー1投手とかくしんできるほどです。
（中略）
このように、自分でもなっとくのいくせいせきでした。そして、ぼくたちは一年間まけ知らずで野球ができました。だから、この、ちょうしで、これからもがんばります。

そして、ぼくが一流の選手になって試合にでれるようになったら、お世話になった人に、招待状をくばって、おうえんしてもらうのも夢の1つです。とにかく一番大きな夢はプロ野球選手になることです。

＊原文のまま掲載しています。（引用文献『イチロー』ベースボールマガジン社）

Letter of magic

2

「ブーメラン文法」のススメ

ここで前項で触れられなかった、「ブーメラン文法」について、少し解説してみましょう。

文章を書くときに気をつけるべきことは何でしょうか?
文章の基本スタイルは、「5W1H」。
「誰が、何を、いつ、どこで、どうして、どんなふうに」したのかを描写すること、そして、「起承転結」という4つの場面を想定して、書くこと…。あなたも、これが文章の基本と教わってきたのではないでしょうか。

確かにニュース報道をするなら、「5W1H」は必須要素かもしれませんが、私たちはニュースを伝えるために書くワケではありません。
小説を書くのなら、「起承転結」のストーリーが必要かもしれませんが、私たちの誰もが小説家を目指しているワケでもありません。
この本を読んでいるあなたの目的は、「魔法の手紙を書いて、夢をかなえること」でしょう。その目的を達成するには、「5W1H」も「起承転結」のセオリーも必要ないのです。

ここで、重要になるのが「ブーメラン文法」です。
「まず、結論→そのための具体的な方法→結論に戻る…」。こういう文章の書き方を、私は「ブーメラン文法」と名づけました。

最初に結論、これは宇宙もまったく同じです。
小難しい理由なんて、宇宙は求めていません。
結論とは、宇宙に対する「宣言」のこと。

現時点での、あなたの想いをまとめたもの、もっとも強い想いの代表が「ビジョン」であり、それを書くことによって、宇宙に宣言することが「結論」に相当します。
宣言したあとは、その「ビジョン」のために、「今、自分にできること」を書いていきます。

イチローさんの場合なら、「一流のプロ野球選手になる」ということが「ビジョンの宣言（結論）」に相当し、そのために「360日、激しい練習をする」というのが、「今、自分にできること」に当たります。
そして、「今できること」「これからやるべきこと」を未来の

「ビジョン」から逆算した形で書かれています。

たとえば、「40歳までに幸せで豊かな家庭を築く」というビジョンを宣言したら当然、○才で結婚して、○年後に子供を授って…というさらに具体的な「予定」が出てきます。
もう、この時点で途中経過は「夢」ではなく、「予定」になってしまっているのです。

そして、最後に再び、「だから、やっぱり、○○します」と、最初の結論に、ブーメランのように戻ってくるのです。
これこそ、「夢をかなえる、魔法の手紙」に最適の書き方、基本フォーム。
ぜひ、あなたもマネして、あなたのビジョンを宇宙に宣言してみてください。

Letter of magic

3

「宇宙への手紙」を「魔法の手紙」に変える魔法のレッスンとは？

昔から人は「書く」ことによって、願いがかなう可能性が高くなることを知っていました。七夕飾りの短冊にお願いごとを書いたり、神社に絵馬を書いて奉納したりするのも、その表れです。

しかし、他力本願に「お願いごと」を書き、あとは何もしないで待つだけでは、願いはかないません。
イチローさんが、本当にすばらしいのは自分の「願い」をかなえるために、現実として自分のできることを一生懸命やっている点です。
誰かに、神様に願いをかなえてもらおう…などという、他力本願な姿勢は微塵もみえないことが特徴です。

"「自分が書いたこと」が、あとで「自分が受け取るものになる」"というのが「書くときの黄金律」。自ら宇宙に宣言したことは、自分が責任をもって、実行していくしかありません。その覚悟と実践があってはじめて、宇宙もそれに対してサポートしてくれるようになるのです。
宇宙に向けて書くツールのひとつであるインターネットは、半分あの世とつながっている…と、私は想っています。

それはオカルト的な意味合いではなく、現実的に制御不能の領域にすでに踏み込んでいるということ。
あなたがネット上で書いたものが、どんな広がりを持つことになるのかは、書いた本人でさえ予測できません。まさにそれは、「神のみぞ知る」領域なのです。

実際に、イチローさんの作文も、すでにこうしてインターネットなどを通じて、完全にひとり歩きしてしまっていると言えるでしょう。
だからこそ、インターネットというツールを使い、書くことによって、出したエネルギーは昔の何倍、何十倍ものスピードとパワーに増幅されて、あなたの元に返ってくることになるのです。
そういう「夢をかなえる、エネルギーの加速・増幅装置」を手に入れてしまった時代に、私たちは生きているのです。

再三、説明していますが、インターネット自体に、「よい・悪い」はなく、単なる「エネルギーの加速・増幅装置」に過ぎません。
私たちがそこに、「どんなエネルギーを発信するのか」によって、受け取るエネルギーが決まってくるだけのこと。

ネット上に文章を「書く」ということは、それがどんな些細なことであっても、「宇宙に対する宣言」と見なされます。
多くの人の目に触れるということは、あなたの書いたことを多くの人が承認してくれた証であり、あなたのビジョンにエネルギーを与えてくれていることにほかなりません。

だからこそ、ネットを通じて、宇宙に対して宣言したことは、間違いなく、現実化が加速していくのです。
これこそ、現代の「夢をかなえる魔法の手紙」と呼ぶにふさわしいのではないでしょうか？
夢をかなえられるかは、あなた次第…。この「魔法の道具《ツール》」をぜひ、上手に使っていただきたいと想います。

最後に、そんなインターネットをしっかりとコントロールし、宇宙に宛てた手紙を、「魔法の手紙」に変えるレッスンをしていきましょう。

A letter to the universe

「普通の手紙」を
「魔法の手紙」に変える
魔法のレッスン

ツイッター

今、流行の「ツイッター」、私も使ってはいますが、このツールがこれからどうなっていくのかは、正直よくわかりません（笑）。
ただ、新しいツールを試してみるのは大いに結構。気軽にやってみればいいと想います。ただし、そんな新しいツールを使うときにこそ、“「自ら書いたこと」が、あとで「自分が受け取るものになる」”という、あの「黄金律」だけは忘れないようにしたいもの…。
逆にそれさえ守っておけば、何も怖がる必要はありません。

同じつぶやくのなら、「お腹《なか》、空いた～」ではなく、「今日は○○を食べたい気分」のほうがベターでしょう。
もっと具体的に「今、○○にいるのですが、この辺りのオススメのレストランを教えてもらえませんか？」という「問い」のつぶやきも、はっきりとした「答え」が返ってくる確率が高まるので、オススメです。
もちろん、教えてもらったら、感謝することと、今度は自分が教えてあげる側にまわることも忘れずに…。
そうやって「善意のつぶやき」のキャッチボールができて、それが広がっていけば、ステキだと想いませんか？

A letter to the universe

「普通の手紙」を「魔法の手紙」に変える魔法のレッスン

ブログ

今やすっかり定着した感のあるブログですが、その利用者数は国内だけで2500万人と言われ、日本はまさに「ブログ大国」です。これほどまでに、「書く」ことにエネルギーを注いでいる国民はほかにいないとも言えるでしょう。
それだけに、日本国中のブロガーさんが、ブログ上にどんなエネルギーを発信しているのかによって、地球の行く末が左右されると言っても、決して大げさではありません。
「書く」ことは、それほど莫大なエネルギーなのですから…。

私がブログを書く目的は、自らの文章フォームを維持するための「素振り」のようなもの。さらにブログを通じて、自分が発信したエネルギーがどんな形で自分に返ってきているのかを、客観的に確認するための「魔法のツール」だと想っています。
ブログを書く目的は、人それぞれ違っていて、それでいいと想います。しかし、ブログを通じて発信するエネルギーにはくれぐれも注意が必要です。そのエネルギーの影響をもっとも強く受けるのは自分自身であり、さらにそのエネルギーが宇宙に、あの世にまで影響を与えているのです。どうかそこだけは忘れずに、楽しく活用してください。

A letter to the universe

「普通の手紙」を

「魔法の手紙」に変える

魔法のレッスン

絵馬

最後に、「宇宙」に向けて書く「魔法の手紙」の中でもっともアナログ的なツール、「絵馬《えま》」について触れておきます。
先述のとおり、神社に奉納する「絵馬」は、まさに「宇宙レストラン」に対するオーダー表、そのものです。

神社は決して、神様に対して「願いごと」をしに行く場所ではありません。
神社の本殿に置いてあるのは「鏡」ですね。その前であなたが手を合わしたとき、「鏡」に映っているのは誰でしょう？
あなたはその「鏡に映った人物」に対して、「お願いします」と言っているのです。
それで本当に願いがかなうと想いますか？

「感謝」と「宣言」。これが神前で唱える２大要素です。
「絵馬」は、この「感謝」と「宣言」を、直筆の文字で書いて、神前に捧《ささ》げる誓約書にほかなりません。
ですから、「〜します」と潔く、あなたのビジョンを宇宙に向けて宣言してください。
その上であなたのやるべきことをしっかりやったら、あとの結果は神様にゆだねましょう。

私と約束を交わしたあなたへ

最後までお読みいただき、ありがとうございます。
「書く」という身近な行為について、スピリチュアルな観点から私なりにまとめてみたつもりですが、如何でしたか？
この本から、あなたは、どんなエネルギーを感じとられたでしょうか？

実はこの本をあなたが読むことになるのは、私はちゃんとわかっていました。だって生まれる前に約束したことですから…
そう、私とあなたは、この本を通じて、今ここで、出会う約束を交わして生まれてきたのですから…。

なので、私とあなたとは、「はじめまして…」ではありません。
「おひさしぶりでした。やっと会えましたネ」なのです（笑）。
あなたと今こうしてここでめぐり会えたこと。それこそがこの本が起こしてくれた最初の…、最幸の奇跡なのです。
この出愛のご縁に心よりの感謝を込めて… 深謝！

はづき虹映 拝

「神との約束」 はづき虹映 作

私が生まれる ずっと前
私は神と約束しました。
この時代の、この国に、このお母さんと、このお父さんの
子供として生まれて来ることを…。

私が生まれる、ずっと前
私は神と約束しました。
この人と出会って、この人と友達になり、この人とケンカして、
この人と一緒に過ごすことを…。

私が生まれる、ずっと前
私は神と約束しました。
ここで泣いて、ここで笑って、ここで傷付き、ここで癒され、
そして、ここで死んでいくことを…。

私が生まれる、ずっと前
私は神と約束しました。
あんなこと、こんなこと、そんなこと、
いろんなことを たくさん、たくさん約束しました。
なのに…。
私はすっかり忘れていました。

私が生まれる、ずっと前
あなたと今ここで、出会う「約束」をしていたことを…。

著者紹介

はづき 虹映（はづき・こうえい）

有限会社「いまじん」代表取締役
兵庫県出身。関西学院大学・経済学部卒。

大手百貨店で販売促進業務を担当。輝かしい実績を上げて、独立。広告代理店・企画会社を設立し、順調に業績を伸ばすが、95年の「阪神・淡路大震災」をキッカケに、「こころ」の世界に目覚め、地球環境問題への取り組みから、有機農業、波動技術、気功、瞑想、占い、心理学、ヒーリング、チャネリング、各種セラピーなどを学び、その効用についても研究と実践を重ねる。98年頃より、各地で主に「こころ」や「スピリチュアル」の分野において精力的に講演活動や勉強会などを主催し始める。「数字の暗号」を読み解くための独自の法則を駆使して、恋愛・仕事・人間関係に至るまで、様々な問題解決の為にサポートするとともに自らの神秘体験を元に、独自のヒーリングノウハウやチャネリング技術を駆使して、スピリチュアルな分野を中心に多方面で活躍。豊富な経験と深い洞察に基づいた智慧、軽妙なトークを活かして、『数秘学マスター（数秘師）』『スピリチュアル・コーチ』として講演、セミナー、経営コンサルタント、カウンセリングなど、全国各地で活動中。
また人気のメルマガライターとして、数多くのメルマガを配信。総読者数は3万人を超え、ブログも大人気。「こころ」の分野を中心に著書も多数。執筆、著述、講演、講師業をマルチにこなす。『2週間で一生が変わる 魔法の言葉』『運命の波に乗る 魔法のクセ』（きこ書房）、『お金に愛される 魔法のお財布』（永岡書店）など著作多数。

[staff] カバーデザイン　渡邊民人（タイプフェイス）
本文 DTP　荒井雅美（タイプフェイス）
イラスト　須山奈津希
校正　桜井健司

書《か》くだけで奇跡《きせき》が起《お》こる
魔法《まほう》の手紙《てがみ》

〈検印省略〉

2010年 6月28日 第1刷発行

著　者――はづき 虹映（はづき・こうえい）
発行者――佐藤 和夫
発行所――株式会社あさ出版
〒171-0022　東京都豊島区南池袋 2-47-2　ワイズビル 6F
電　話　03 (3983) 3225 (代表)
F A X　03 (3983) 3226
U R L　http://www.asa21.com/
E-mail　info@asa21.com
振　替　00160-1-720619

印刷・製本　㈱光邦
乱丁本・落丁本はお取替え致します。

ISBN978-4-86063-395-0 C0095